Georg Schönfeld
Eugen Schönfeld

Grundlagen der Physik für Schüler in ukrainischer und deutscher Sprache

Основи фізики для школярів українською та німецькою мовами

Georg Schönfeld
Eugen Schönfeld

Grundlagen der Physik für Schüler in ukrainischer und deutscher Sprache

Основи фізики для школярів українською та німецькою мовами

Impressum

Bibliografische Information der Deutschen Nationalbibliothek:

Die Deutsche Nationalbibliothek verzeichnet diese Publikation in der Deutschen Nationalbiblio-
grafie; detaillierte bibliografische Daten sind im Internet über http://dnb.dnb.de abrufbar.

Verlag: BoD · Books on Demand GmbH, In de Tarpen 42, 22848 Norderstedt,
bod@bod.de

Druck: Libri Plureos GmbH, Friedensallee 273, 22763 Hamburg

ISBN: 978-3-7693-5123-1

www.matematika.de / info@matematika.de

Передмова

Українські школярі, які приїжджають до Німеччини, стикаються з особливими труднощами при переході до німецької шкільної системи. Основною причиною цього є мовний бар'єр. Відсутність навичок володіння німецькою мовою та перерва у навчанні ще більше ускладнюють перехід. Цим учням за дуже короткий проміжок часу доводиться не лише повторювати матеріал, який вони вже вивчили, але й засвоювати відповідну німецьку спеціальну термінологію.

Цей спеціальний підручник був розроблений для подолання цієї перешкоди. Він розрахований на учнів різних класів і має на меті викласти основні поняття фізики українською та німецькою мовами одночасно. Мета - полегшити перехід до уроків фізики німецькою мовою та побудувати міст між двома освітніми системами. Таким чином, цей навчальний посібник заповнює важливу прогалину в освітній програмі для українських школярів у Німеччині.

Книга охоплює основні розділи шкільної фізики:
- Механіка
- Теплові явища
- Електричні явища
- Оптика

Кожна тема подана в компактному та двомовному (українсько-німецькому) форматі.

За допомогою цього підручника учні зможуть:
- поновити свої знання з фізики українською мовою
- паралельно вивчити німецьку технічну термінологію
- покращити свої знання німецької мови в контексті фізики
- легше надолужити пропущене на уроках фізики німецькою мовою

Ми переконані у тому, що цей навчальний посібник буде корисним також для тих, хто закінчив середню школу в Україні, але збирається продовжити навчання у німецьких університетах. Крім цього, посібник допоможе батькам школярів надавати допомогу своїм дітям у виконанні домашніх завдань.

Ми сподіваємося, що цей посібник стане вашим незамінним помічником у навчанні та бажаємо Вам успіхів!

Georg і Eugen Schönfeld

Карлсруе, 2025

Vorwort

Ukrainische Schüler, die nach Deutschland kommen, stehen vor besonderen Herausforderungen beim Übergang in das deutsche Schulsystem. Der Hauptgrund dafür ist, dass sie zuvor in ukrainischer Sprache unterrichtet wurden. Die mangelnden Deutschkenntnisse und die Unterbrechung ihrer Schulbildung erschweren den Anschluss zusätzlich. Diese Schüler müssen in kürzester Zeit nicht nur den bereits gelernten Stoff auffrischen, sondern auch die entsprechende deutsche Fachterminologie erlernen.

Um diese Hürde zu überwinden, wurde dieses spezielle Lehrbuch entwickelt. Es richtet sich an Schüler verschiedener Klassenstufen und hat zum Ziel, die grundlegenden Konzepte der Physik parallel in Ukrainisch und Deutsch zu vermitteln. Dadurch soll der Übergang in den deutschen Physikunterricht erleichtert und eine Brücke zwischen den beiden Bildungssystemen geschlagen werden. Dieses Lehrmittel schließt somit eine wichtige Lücke im Bildungsangebot für ukrainische Schüler in Deutschland.

Das Buch deckt die Hauptbereiche der Schulphysik ab:
- Mechanik
- Wärmelehre
- Elektrizitätslehre
- Optik

Jedes Thema wird kompakt und zweisprachig (Ukrainisch-Deutsch) gegenübergestellt.

Mit diesem Lehrbuch können Schüler:
- Physikkenntnisse auf Ukrainisch auffrischen
- Gleichzeitig die deutsche Fachterminologie erlernen
- Deutschkenntnisse im Kontext der Physik verbessern
- Den Anschluss im deutschen Physikunterricht leichter finden

Wir sind überzeugt, dass dieses Buch auch für diejenigen hilfreich sein wird, die eine Schulausbildung in ukrainischer Sprache absolviert haben und ein Studium an den deutschen Hochschulen beginnen möchten. Außerdem hilft es Eltern, die ihren Kindern bei den Hausaufgaben helfen wollen.

Wir hoffen, dass dieses Buch Ihr Helfer beim Lernen sein wird und wünschen Ihnen viel Erfolg!

Georg und Eugen Schönfeld

Karlsruhe, 2025

Inhaltsverzeichnis

1 Фізика як природнича наука

Завдяки численним відкриттям, спостереженням і експериментам фізика за останні кілька століть виросла в самостійну природничу науку.

Фізика - це природнича наука, яка вивчає фундаментальні явища та закони природного середовища.

Матерія - це все те, що реально, незалежно від нашої свідомості існує у Всесвіті.

Будь-яке фізичне тіло складається з речовини або суміші речовин - заліза, кисню, води, сталі, пластику, дерева, повітря тощо.

Речовина - це один із видів матерії.

Усі речовини складаються з надзвичайно дрібних частинок, між якими є проміжки. Частинки речовини перебувають у безперервному хаотичному русі.

Фізичне тіло - це об'єкт із речовини, який має зовнішню межу.

Фізичні тіла можуть бути твердими, рідкими, газоподібними.

Щоб краще зрозуміти складні природні явища, вчені розглядають їх як сукупність фізичних явищ, які можна описати за допомогою відповідних фізичних законів.

Die Physik - eine Naturwissenschaft

Durch viele Entdeckungen, Beobachtungen und Experimente entwickelte sich in den letzten Jahrhunderten die Physik als eigenständige Naturwissenschaft.

Die **Physik** ist eine Naturwissenschaft, die sich mit den grundlegenden Erscheinungen und Gesetzen in der natürlichen Umwelt beschäftigt.

Materie ist alles, was unabhängig von unserem Bewusstsein real im Universum existiert.

Jeder physische Körper besteht aus einer Substanz oder einem Stoffgemisch – Eisen, Sauerstoff, Wasser, Stahl, Kunststoff, Holz, Luft usw.

Ein **Stoff** ist eine der Arten von Materie.

Alle Materie besteht aus extrem kleinen Teilchen mit Zwischenräumen. Materieteilchen sind in ständiger chaotischer Bewegung.

Ein **physischer Körper** ist ein Objekt aus Materie, das eine äußere Grenze hat.

Physische Körper können fest, flüssig oder gasförmig sein.

Um komplexe Naturphänomene besser zu verstehen, betrachten Wissenschaftler sie als eine Reihe physikalischer Eigenschaften, die mit Hilfe geeigneter physikalischer Gesetze beschrieben werden können.

Фізика є важливою основою технології, де використовуються фізичні знання людини.

Die **Physik** ist eine wichtige Grundlage der Technik, wo man physikalische Erkenntnisse vom Menschen benutzt.

Фізика є важливою основою нашого повсякденного життя.

Die Physik ist eine wichtige Grundlage unseres täglichen Lebens.

Свідоме використання фізичних законів підвищує нашу безпеку та полегшує наше життя.

Die bewusste Nutzung physikalischer Gesetze erleichtert unser Leben und erhöht unsere Sicherheit.

Однак і в наші дні основні етапи отримання нових знань (**спостереження, гіпотеза, експеримент**) залишаються незмінними.

Allerdings bleiben die Hauptphasen der Gewinnung neuer Erkenntnisse (**Beobachtung, Hypothese, Experiment**) auch heute noch unverändert.

Фізика поділяється на різні підрозділи:

Die Physik wird in verschiedene Teilgebiete unterteilt:

Механіка: рух тіл, сили та їх дія, плавучість і плавання, створення і властивості звуку.

Mechanik: Bewegung von Körpern, Kräfte und ihre Wirkungen, Auftrieb und Schwimmen, Entstehung und Eigenschaften von Schall.

Теплові явища: температура тіл, підведення і виділення тепла, агрегатні стани та їх зміни, теплообмін.

Wärmelehre: Temperatur von Körpern, Zufuhr und Abgabe von Wärme, Aggregatszustände und ihre Änderungen, Wärmeübertragung.

Електричні явища: властивості електрично заряджених тіл, дія електричного струму, магнетизм, генерація та перетворення електричної енергії, електричне коло та елементи.

Elektrizitätslehre: Eigenschaften von elektrisch geladenen Körpern, Wirkungen des elektrischen Stroms, Magnetismus, Erzeugung und Umformung von Elektroenergie, elektrische Schaltungen und Bauelemente.

Оптика: поширення світла, відбивання і заломлення, формування зображення та лінзи, оптичні прилади

Optik: Ausbreitung des Lichts, Reflexion und Brechung, Bildentstehung und Linsen, optische Geräte.

Атом і ядерна енергетика: будова атомів, перетворення атомних ядер, радіоактивне випромінювання та ядерна енергетика.

Atom und Kernenergie: Aufbau von Atomen, Umwandlung von Atomkernen, radioaktive Strahlung und Kernenergie.

Енергетика: джерела енергії, перетворення та передача енергії.

Energie: Energieträger, Umwandlung und Übertragung von Energie.

Зміни в природі вчені називають природними явищами.

Wissenschaftler bezeichnen Veränderungen in der Natur als natürliche Erscheinungen.

Щоб краще зрозуміти складні природні явища, вчені розглядають їх як сукупність фізичних явищ, які можна описати за допомогою відповідних фізичних законів.

Um komplexe Naturphänomene besser zu verstehen, betrachten Wissenschaftler sie als eine Reihe physikalischer Erscheinungen, die mit Hilfe geeigneter physikalischer Gesetze beschrieben werden können.

Фізика - це природнича наука, яка вивчає найзагальніші закономірності явищ природи, властивості та будову матерії, закони її руху.

Physik ist eine Naturwissenschaft, die die allgemeinsten Gesetzmäßigkeiten natürlicher Phänomene, die Eigenschaften und Struktur der Materie sowie die Gesetze ihrer Bewegung unter-sucht.

Фізичне дослідження - це цілеспрямоване отримання нових знань про фізичні тіла або явища.

Unter **physikalischer Forschung** versteht man die gezielte Gewinnung neuer Erkenntnisse über physikalische Körper oder Phänomene.

Зазвичай фізичне дослідження починається зі спостереження, коли дослідник спостерігає за явищем, не втручаючись у його перебіг.

Normalerweise beginnt die physikalische Forschung mit der Nachbeobachtung, wenn der Forscher das Erscheinung beobachtet, ohne in seinen Verlauf einzugreifen.

Експеримент (дослід) - це дослідження фізичного явища в умовах, які перебувають під контролем науковця.

Experiment (Voruntersuchung) – die Untersuchung einer physikalischen Erscheinung in den Köpfen, die unter der Kontrolle eines Wissenschaftlers stehen.

Фізична величина - це кількісно виражена характеристика тіла або фізичного явища.

Eine **physikalische Größe** ist eine quantitativ ausgedrückte Eigenschaft eines Körpers oder eines physikalischen Phänomens.

Абсолютна похибка результату вимірювання - це відхилення результату вимірювання від істинного значення фізичної величини.

Der **absolute Fehler** des Messergebnisses ist die Abweichung des Messergebnisses vom wahren Wert der physikalischen Größe.

Відносна похибка результату вимірювання дорівнює відношенню абсолютної похибки до виміряного значення фізичної величини.

Der **relative Fehler** des Messergebnisses ist gleich dem Verhältnis des absoluten Fehlers zum Messwert der physikalischen Größe.

2 Механіка

2.1 Властивості тіл і речовин

До властивостей тіл і речовин належать наявність об'єму та маси.

Об'єм показує, скільки місця займає тіло.
Позначення: **V**

Зазвичай вимірюється в кубічних сантиметрах (см^3) або літрах (л).

За умови, що тіло має форму прямокутного паралелепіпеда, об'єм цього тіла дорівнює:

$$V = a \cdot b \cdot c$$

a - довжина
b - ширина
c - висота

Об'єм твердих тіл можна визначити за допомогою **мірних циліндрів**.

Маса вказує на те, наскільки важке та інертне тіло.
Позначення: **m**

Зазвичай вимірюється в грамах (**г**) або кілограмах (**кг**).

Маса тіла не залежить від того, де воно знаходиться. Вона однакова в будь-якому заданому місці.

Масу тіл вимірюють за допомогою **ваги**.

Кожне тіло складається з речовин, які мають певну **густину**.

Mechanik

Eigenschaften von Körpern und Stoffen

Zu den Eigenschaften von Körpern und Stoffen gehört es, ein Volumen und eine Masse zu haben.

Das **Volumen** gibt an, wie viel Raum ein Körper einnimmt.
Bezeichnung: **V**

Es wird meist in Kubikzentimetern (cm^3) oder in Litern (l) gemessen.

Unter der Bedingung, dass ein Körper die Form eines Quaders besitzt, gilt für das Volumen des Körpers:

$$V = a \cdot b \cdot c$$

a - Länge
b - Breite
c - Höhe

Das Volumen kann durch Berechnung oder Messung mit einem **Messzylinder** bestimmt werden.

Die **Masse** eines Körpers gibt an, wie schwer oder träge er ist.
Bezeichnung: **m**

Sie wird meist in Gramm (**g**) oder Kilogramm (**kg**) gemessen.

Die Masse eines Körpers ist unabhängig davon, wo sich dieser befindet. Sie ist an jedem beliebigen Ort gleich groß.

Die Masse von Körpern wird mithilfe von **Waagen** gemessen.

Jeder Körper besteht aus Stoffen, die eine bestimmte **Dichte** haben.

Густина характеризує речовину і дорівнює відношенню маси тіла до об'єму цього тіла.
Позначення: $\boldsymbol{\rho}$

Die **Dichte** charakterisiert einen Stoff und ist gleich dem Verhältnis der Masse eines Körpers zum Volumen dieses Körpers.
Bezeichnung: $\boldsymbol{\rho}$

$$\rho = \frac{m}{V}$$

Кожна речовина має певну **густину** при певній температурі і певному тиску.

Jeder Stoff hat bei einer bestimmten Temperatur und einem bestimmten Druck eine bestimmte **Dichte**.

Зі зміною температури змінюється об'єм більшості речовин, а отже, і їх густина.

Mit Veränderung der Temperatur verändert sich bei den meisten Stoffen das Volumen und damit auch ihre Dichte.

Якщо тіло складається з кількох речовин, то розрахунковою густиною є густина цієї суміші речовин. Це **середня густина** тіла.

Besteht ein Körper aus mehreren Stoffen, so ist die berechnete Dichte die Dichte dieses Stoffgemischs. Es ist die **mittlere Dichte** des Körpers.

Усі речовини складаються з дуже маленьких частинок, **атомів** і **молекул.**

Alle Stoffe sind aus sehr kleinen Teilchen aufgebaut, den **Atomen** und **Molekülen.**

Структуру всіх речовин можна чітко описати за допомогою моделі частинок:
- усі речовини складаються з частинок
- частинки знаходяться в постійному русі
- між частинками діють сили притягання або сили відштовхування

Den **Aufbau** aller Stoffe kann man anschaulich mit dem **Teilchenmodell** beschreiben:
- alle Stoffe bestehen aus Teilchen
- die Teilchen befinden sich in ständiger Bewegung
- zwischen den Teilchen wirken anziehende bzw. abstoßende Kräfte

Речовини можуть перебувати в різних **агрегатних станах** (твердому, рідкому, газоподібному).

Stoffe können in unterschiedlichen **Aggregatszuständen** (fest, flüssig, gasförmig) vorliegen.

Густина суттєво залежить від агрегатного стану і температури речовини.

Die Dichte hängt maßgeblich vom Aggregatszustand und der Temperatur des Stoffes ab.

2.2 Рух тіл

Тіло, відносно якого розглядається положення рухомого тіла, називають **тілом відліку.**

Тіло відліку, відповідна система координат і годинник для вимірювання часу утворюють **систему відліку.**

Матеріальна точка - це фізична модель тіла, розмірами якого в умовах даної задачі можна знехтувати.

Траєкторія руху - це уявна лінія, яку описує в просторі точка, що рухається.

Шлях - це фізична величина, яка дорівнює довжині траєкторії.

Одиниця шляху в СІ є **метр.**

Напрямлений відрізок прямої, який з'єднує початкове та кінцеве положення тіла, називають **переміщенням.**

Механічний рух - це зміна з часом положення тіла або частин тіла в просторі відносно інших тіл.

Тіло перебуває в **русі**, коли воно змінює своє положення відносно тіла або системи відліку.

Воно перебуває в **стані спокою**, коли не змінює свого положення відносно тіла або системи відліку.

Bewegung von Körpern

Der Körper, relativ zu dem die Position des sich bewegenden Körpers betrachtet wird, wird als **Bezugskörper** bezeichnet.

Der Bezugskörper, das entsprechende Koordinatensystem und die Uhr zur Zeitmessung bilden ein **Bezugsrahmen.**

Ein **materieller Punkt** ist ein physikalisches Modell eines Körpers, dessen Abmessungen unter den Bedingungen dieses Problems vernachlässigt werden können.

Die **Bewegungsbahn** ist eine imaginäre Linie, die durch einen sich bewegenden Punkt im Raum beschrieben wird.

Der **Weg** ist eine physikalische Größe, die gleich der Länge der Flugbahn ist.

Die SI-Einheit vom Weg ist das **Meter.**

Ein gerichtetes Liniensegment, dass die Anfangs- und Endpositionen des Körpers verbindet, wird als **Verschiebung** bezeichnet.

Mechanische Bewegung ist eine zeitliche Veränderung der Position eines Körpers oder von Körperteilen im Raum relativ zu anderen Körpern.

Ein Körper ist in **Bewegung**, wenn er seine Lage gegenüber einem Bezugskörper oder Bezugssystem verändert.

Er ist in **Ruhe**, wenn er seine Lage gegenüber einem Bezugskörper oder Bezugssystem nicht ändert.

Рухи можна диференціювати відповідно до **форм шляху** та **типів руху.**

Bewegungen können nach **Bahnformen** und **Bewegungsarten** unterschieden werden.

Траєкторні форми рухів:
прямолінійні та криволінійні рухи, рух по колу та коливання

Bahnformen von Bewegungen:
geradlinige und krummlinige Bewegungen, Kreisbewegung und Schwingung

При **прямолінійному русі** тіло рухається по прямолінійному шляху.

Bei **geradliniger** Bewegung bewegt sich der Körper auf einer geraden Bahn.

При **криволінійному русі** тіло рухається по криволінійному шляху.

Bei **krummliniger** Bewegung bewegt sich der Körper auf einer krummlinigen Bahn.

При **русі по колу** тіло рухається по колу.

Bei **Kreisbewegung** bewegt sich der Körper auf einer Kreisbahn.

При **коливаннях** тіло рухається вперед і назад між двома точками.

Bei **Schwingung** bewegt sich der Körper zwischen zwei Punkten hin und her.

Види рухів:
рівномірні та **нерівномірні** рухи

Arten von Bewegungen:
gleichförmige und **ungleichförmige** Bewegungen

Рівномірний рух - це механічний рух, у ході якого за будь-які рівні інтервали часу тіло долає однаковий шлях.

Gleichförmige Bewegung ist eine mechanische Bewegung, bei der ein Körper in gleichen Zeitintervallen denselben Weg zurücklegt.

Нерівномірний рух - це рух, під час якого тіло за рівні інтервали часу долає різний шлях.

Eine **ungleichförmige** Bewegung ist eine Bewegung, bei der der Körper in gleichen Zeitabständen einen anderen Weg zurücklegt.

Рівномірний рух по колу означає рух тіла по колу з постійною швидкістю.

Der Begriff **gleichförmige Kreisbewegung** meint eine Bewegung eines Körpers auf einer Kreisbahn mit konstanter Geschwindigkeit.

Швидкість показує, наскільки швидко або як повільно рухається тіло.

Die **Geschwindigkeit** gibt an, wie schnell oder wie langsam sich ein Körper bewegt.

Швидкість тіла можна обчислити за формулою:

Die **Geschwindigkeit** eines Körpers kann berechnet werden mit der Formel:

$$v = \frac{s}{t}$$

s - пройдена відстань	s - zurückgelegener Weg
t - необхідний час	t - benötigte Zeit

Якщо рух **рівномірний** (v = konstant), розрахована швидкість застосовується до кожного місця руху.

Bei **gleichförmiger** Bewegung (v = konstant) gilt die berechnete Geschwindigkeit für jeden Ort der Bewegung.

Якщо рух **нерівномірний** (v ≠ konstant), середню швидкість, яку також називають **середньою швидкістю**, можна обчислити за формулою.

Bei **ungleichförmiger** Bewegung (v ≠ konstant) kann man mit der Formel berechnete eine mittlere Geschwindigkeit, auch **Durchschnittsgeschwindigkeit** genannt, berechnet werden.

Швидкість - величина спрямована (векторна). У кожній точці руху тіла вона має певну величину і певний напрямок.

Die **Geschwindigkeit** ist eine gerichtete (vektorielle) Größe. Sie hat in jedem Punkt der Bewegung des Körpers eine bestimmte Größe und eine bestimmte Richtung.

Прискорення показує, як швидко змінюється швидкість тіла. Позначення: **a**

Die **Beschleunigung** gibt an, wie schnell sich die Geschwindigkeit eines Körpers ändert. Bezeichnung: **a**

Тіло має **прискорення** 1м/с^2, якщо його швидкість змінюється на 1м/с кожну секунду.

Ein Körper hat eine **Beschleunigung** von 1m/s^2, wenn sich seine Geschwindigkeit in jeder Sekunde um 1m/s ändert.

Прискорення - величина спрямована (векторна). У кожній точці вона має певну величину і певний напрямок.

Die **Beschleunigung** ist eine gerichtete (vektorielle) Größe. Sie hat in jedem Punkt eine bestimmte Größe und eine bestimmte Richtung.

При **рівномірному** прямолінійному русі однакові шляхи **s** проходять за однаковий час **t**:

Bei **gleichförmiger** geradliniger Bewegung werden in gleichen Zeiten **t** gleiche Wege **s** zurückgelegt:

$$s = v \cdot t$$

Прискорення тіла можна обчислити за допомогою рівняння:

Die **Beschleunigung** eines Körpers kann berechnet werden mit der Gleichung:

$$a = \frac{\Delta v}{\Delta t}$$

Δv - зміна швидкості
Δt - інтервал часу

Δv - Änderung der Geschwindigkeit
Δt - Zeitintervall

Для **прямолінійного руху з постійним прискоренням** рівняння руху мають вигляд:

Bei **geradliniger Bewegung mit konstanter Beschleunigung** sind Bewegungsgleichungen:

$$v = v_0 + a \cdot t$$
$$x = x_0 + v_0 \cdot t + a \cdot t^2 / 2$$

v - швидкість у момент часу t
v_0 - початкова швидкість
x - координата розташування в момент часу t
x_0 - початкова координата
a - постійне прискорення

v - die Geschwindigkeit zur Zeit t
v_0 - Anfangsgeschwindigkeit
x - die Ortskoordinate zur Zeit t
x_0 - Anfangsortkoordinate
a - die konstante Beschleunigung

Координата розташування **x** на діаграмі час-місце являє собою **параболу**.

Die Ortskoordinate **x** im Zeit-Ort-Diagramm stellt eine **Parabel** dar.

Положення **x** і швидкість **v** пов'язані рівняннями:

Ort **x** und Geschwindigkeit **v** sind verknüpft durch die Gleichungen:

$$x = (v^2 - v_0^2) / 2a$$
$$v = (v_0^2 + 2a \cdot x)^{1/2}$$

При **рівномірному русі по колу** тіло постійно рухається по колу з однаковою швидкістю.

Bei einer **gleichförmigen Kreisbewegung** bewegt sich ein Körper ständig mit konstanter Geschwindigkeit auf einer Kreisbahn.

Для рівномірного руху по колу (**v** = постійна) діє:

Für eine gleichförmige Kreisbewegung (**v** = konstant) gilt:

$$v = \frac{2\pi r}{T}$$

r - радіус кругового шляху
T - час на одного оберту (період обертання)

Рівномірний рух матеріальної точки по колу - це такий криволінійний рух, у ході якого точка, рухаючись по коловій траєкторії, за будь-які рівні інтервали часу проходить однаковий шлях.

Період обертання - це фізична величина, яка дорівнює часу, за який матеріальна точка, що рівномірно рухається по колу, здійснює один оберт.

Обертова частота - це фізична величина, яка дорівнює кількості обертів за одиницю часу.

Обертову частоту позначають символом **n** і визначають за формулою:

$$n = \frac{t}{N}$$

t - час обертання
N - кількість обертів, здійснених за цей час

Одиниця обертової частоти в CI є оберт за секунду.

Маятник - це тверде тіло, яке здійснює коливання внаслідок притягання до Землі або внаслідок дії пружини.

r - Radius der Kreisbahn
T - Zeit für einen Umlauf (Umlaufzeit)

Die gleichmäßige Bewegung eines materiellen Punktes in einem Kreis ist eine solche krummlinige Bewegung, bei der der Punkt, der sich entlang einer kreisförmigen Flugbahn bewegt, für alle gleichen Zeitintervalle denselben Weg zurücklegt.

Die **Rotationsperiode** ist eine physikalische Größe, die der Zeit entspricht, in der ein materieller Punkt, der sich gleichmäßig auf einem Kreis bewegt, eine Umdrehung durchführt.

Die **Rotationsfrequenz** ist eine physikalische Größe, die der Anzahl der Umdrehungen pro Zeiteinheit entspricht.

Die **Rotationsfrequenz** wird mit dem Symbol **n** bezeichnet und durch die Formel bestimmt:

$$n = \frac{t}{N}$$

t - die Rotationszeit
N - die Anzahl der in dieser Zeit gemachten Umdrehungen

Die SI-**Einheit der Rotationsfrequenz** ist eine Umdrehung pro Sekunde.

Ein **Pendel** ist ein fester Körper, der aufgrund der Anziehungskraft auf die Erde oder aufgrund der Wirkung einer Feder schwingt.

Амплітуда коливань - це фізична величина, що дорівнює максимальній відстані, на яку відхиляється тіло від положення рівноваги під час коливань.

Die **Schwingungsamplitude** ist eine physikalische Größe, die der maximalen Distanz entspricht, um die der Körper bei Schwingungen von der Gleichgewichtslage abweicht.

Період коливань - це фізична величина, що дорівнює часу, за який відбувається одне коливання.

Die **Schwingungsdauer** ist eine physikalische Größe, die der Zeit entspricht, in der eine Schwingung auftritt.

Частота коливань - це фізична величина, яка дорівнює кількості коливань за одиницю часу.

Die **Schwingungsfrequenz** ist eine physikalische Größe, die der Anzahl der Schwingungen pro Zeiteinheit entspricht.

Частоту коливань позначають символом ν і обчислюють за формулою:

Die **Schwingungsfrequenz** wird mit dem Symbol ν bezeichnet und nach der Formel berechnet:

$$\nu = \frac{N}{t}$$

Одиниця частоти коливань в СІ є **герц** (Гц).

Die SI-Einheit der Schwingungsfrequenz ist **Hertz** (Hz).

Затухаючі коливання - це коливання, амплітуда яких змінюється з часом.

Gedämpfte Schwingungen sind Schwingungen, deren Amplitude sich mit der Zeit ändert.

Незатухаючі коливання - це коливання, амплітуда яких не змінюється з часом.

Ungedämpfte Schwingungen sind Schwingungen, deren Amplitude sich mit der Zeit nicht ändert.

2.3 Рух падіння та кидання

Вільне падіння - це рух тіла, яке безперешкодно падає з певної висоти **h** на землю.

Усі тіла падають з однаковим постійним прискоренням. Це називається **прискоренням падіння** g.

$$g = 9{,}81 \text{ м/с}^2$$

Рівняння прямолінійного руху з постійним прискоренням справедливі для тіла, що вільно падає.

Прискорення **a** тут є прискоренням сили тяжіння **g**. Початкова швидкість **v₀ = 0**. Якщо встановити висоту **h**, яка впала в момент часу **t** для місця **x**, ви побачите, що рівняння руху для вільного падіння такі:

$$h = g \cdot t^2/2$$
$$v = g \cdot t$$
$$v = \sqrt{2gh}$$

Тіло, кинуте **горизонтально** з початковою швидкістю **v₀**, рухається по **криволінійній** траєкторії.

Рух складається з двох незалежних рухів: горизонтального руху з постійною швидкістю **v₀** і вільного падіння з постійним прискоренням **a = -g**.

Вертикальний кидок

До вертикального кидка вгору відноситься наступне:

Fall- und Wurfbewegungen

Unter dem **freien Fall** versteht man die Bewegung eines Körpers, der ungehindert aus einer bestimmten Höhe **h** auf den Erdboden fällt.

Alle Körper fallen mit derselben konstanten Beschleunigung. Sie heißt **Fallbeschleunigung** g.

$$g = 9{,}81 \text{ м/с}^2$$

Für den frei fallenden Körper gelten die Bewegungsgleichungen einer geradlinigen Bewegung mit konstanter Beschleunigung.

Die Beschleunigung **a** ist hier die Fallbeschleunigung **g**. Die Anfangsgeschwindigkeit ist **v₀ = 0**. Setzt man für den Ort **x** die zu Zeit **t** durchfallene Höhe **h**, so sieht man, dass die Bewegungsgleichungen des freien Falls lauten:

$$h = g \cdot t^2/2$$
$$v = g \cdot t$$
$$v = \sqrt{2gh}$$

Ein mit der Anfangsgeschwindigkeit **v₀** in **waagerechter Richtung** geworfener Körper bewegt sich auf einer **gekrümmten** Bahn.

Die Bewegung setzt sich aus zwei voneinander unabhängigen Bewegungen zusammen: einer waagrechten Bewegung mit konstanter Geschwindigkeit **v₀** und einem freien Fall mit konstanter Beschleunigung **a = -g**.

Der senkrechte Wurf

Für den senkrechten Wurf nach oben gilt:

$$v = v_0 - g \cdot t$$
$$v = (v_0^2 - 2g \cdot h)^{1/2}$$
$$h = v_0 \cdot t - g \cdot t^2 / 2$$

Коли тіло кидають вертикально вгору, воно досягає точки повороту через певний час підйому. Там його швидкість становить **v = 0**.

Beim senkrechten Wurf nach oben erreicht der Körper nach einer gewissen Steigzeit den Umkehrpunkt. Dort beträgt seine Geschwindigkeit **v = 0**.

Час **наростання** t_{st} дорівнює тоді:

Die **Steigzeit** t_{st} ist dann:

$$t_{st} = v_0 / g$$

Досягнута висота підйому становить h_{st} при швидкості **v=0**

Die **erreichte Steighöhe** h_{st} bei der Geschwindigkeit **v=0** beträgt:

$$h_{st} = v_0^2 / 2g$$

Косий (кривий) кидок

Der schiefe Wurf

Якщо тіло кидають зі швидкістю v_0 в напрямку, який утворює з горизонталлю кут **α**, то це називається **косим кидком**.

Wird ein Körper mit einer Geschwindigkeit v_0 in einer Richtung geworfen, welche mit der Horizontalen den Winkel **α** einschließt, so spricht man von einem **schiefen (schrägen) Wurf**.

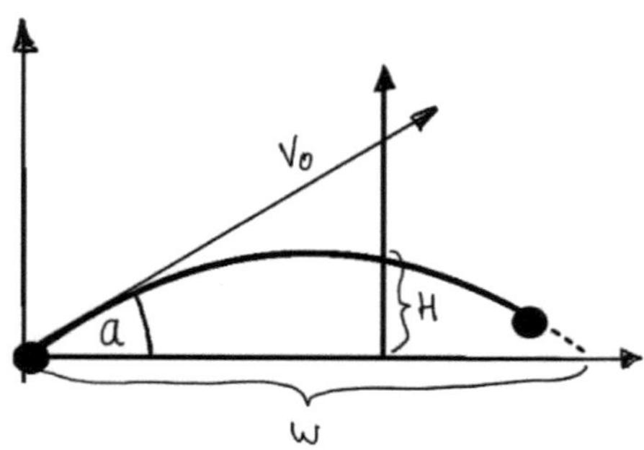

У цьому випадку застосовується наступне:

Für diesen Fall gilt:

$$W = v_0^2 \cdot \sin 2\alpha / g$$
$$H = v_0^2 \cdot \sin^2\alpha / 2g$$
$$T = v_0 \cdot \sin\alpha / g$$

W - дальність кидка

H - висота підйому

T - час наростання = час спаду

W - Wurfweite

H - Steighöhe

T - Steigzeit = Fallzeit

Дальність метання найбільша при куті стрільби $\alpha = 45°$.

Die maximale Wurfweite erzielt man bei einem Abschusswinkel $\alpha = 45°$.

$$W_{max} = v_0^2 / g$$

Горизонтальний кидок

Der horizontale Wurf

Для горизонтального кидка траєкторія є метальною **параболою**.

Für den horizontalen Wurf ist die Bahn-kurve eine Wurfparabel.

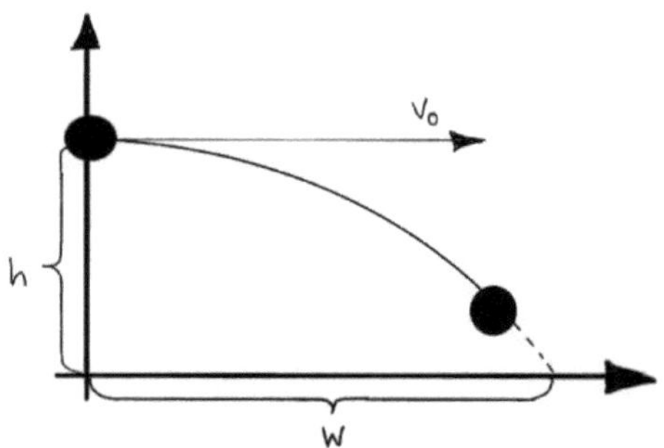

Це стосується дальності закидання:

Für die Wurfweite gilt:

$$W = v_0 \cdot (2h / g)^{1/2}$$

відноситься до тривалості кидка:

für die Wurfdauer gilt:

$$T = (2h / g)^{1/2}$$

h - висота падіння

h - Abwurfhöhe

2.4 Сила та її дія

У фізиці взаємний вплив тіл одне на одне характеризується силами.

Сила показує, наскільки сильно два тіла взаємодіють одне з одним.
Позначення: **F**
Одиниця: **один 1 Ньютон (1 Н)**

Один Ньютон (1Н) - це сила, яка надає тілу масою **1 кг** прискорення **1м/с^2**.

Дію фізичних сил між тілами можна розпізнати по тому, що тіла деформуються, починають рухатися або їх рух змінюється.

Сила - це величина взаємодії. Сили можна розпізнати лише за їх дією.

Дія сили залежить:
- від величини сили
- від напрямку дії сили
- від точки атаки сили

Сили можуть змінювати рух тіла, форму тіла або те й інше.

Види сил:
- магнітна сила
- електрична сила
- сила тяжіння
- сила ваги
- сила тертя
- сила розтягу
- сила тиску
- рушійна сила
- сила тяги

Kräfte und ihre Wirkungen

Das gegenseitige Einwirken von Körper aufeinander beschreibt man in der Physik durch Kräfte.

Die **Kraft** gibt an, wie stark zwei Körper aufeinander einwirken.
Bezeichnung: **F**
Einheit: **ein Newton (1 N)**

Ein Newton (1N) ist eine Kraft, die einem Körper mit der Masse **1 kg** eine Beschleunigung von **1m/s^2** erteilt.

Das Wirken physikalischer Kräfte zwischen Körpern erkennt man daran, dass Körper verformt werden, dass sie in Bewegung geraten oder dass ihre Bewegung sich ändert.

Die Kraft ist eine Wechselwirkungsgröße. Kräfte sind nur an ihren Wirkungen erkennbar.

Die Wirkung einer Kraft ist abhängig:
- von der Größe der Kraft
- von der Richtung der Kraft
- vom Angriffspunkt der Kraft

Kräfte können die Bewegung eines Körpers, die Form eines Körpers oder beides ändern.

Arten von Kräften:
- magnetische Kraft
- elektrische Kraft
- Gravitationskraft
- Gewichtskraft
- Reibungskraft
- Zugkraft
- Druckkraft
- Antriebskraft
- Schubkraft

Сили вимірюють пружинними **динамометрами**.
Для таких пружин діє закон Гука:

Kräfte werden mit **Federkraftmessern** gemessen.
Für solche Federn gilt das Hookesche Gesetz:

$$F = D \cdot s$$

F - діюча сила
s - розтягнення пружини
D - постійна пружини

F - angreifende Kraft
s - Verlängerung der Feder
D - Federkonstante

Якщо на тіло діють дві або більше двох сил, вони об'єднуються в **результуючу** силу.

Werden auf einen Körper zwei oder mehr als zwei Kräfte wirken, so setzen sich diese zu einer **resultierenden** Kraft zusammen.

Дві сили F_1 і F_2, що діють в одній точці, можна замінити однією силою **R**.

Zwei in einem Punkt angreifende Kräfte F_1 und F_2 lassen sich durch eine einzige Kraft **R** ersetzen.

Ця результуюча сила **R** знаходиться як діагональ у паралелограмі, сторонами якого є дві задані сили F_1 і F_2.

Man findet diese resultierende Kraft **R** als Diagonale in einem Parallelogramm, dessen Seiten die beiden gegebenen Kräfte F_1 und F_2 sind.

Сили є **векторами** і складаються таким чином.

Kräfte sind **Vektoren** und werden wie diese addiert.

Сили можна позначити **стрілками**. Кінчик стрілки вказує напрямок сили. Довжина показує, наскільки велика сила.

Kräfte lassen sich durch **Pfeile** darstellen. Die Spitze des Pfeils weist in Richtung der Kraft. Die Länge gibt an, wie groß die Kraft ist.

Якщо на тіло діють дві протилежні сили, то вони рівні, коли тіло перебуває в спокої.

Greifen an einem Körper zwei entgegengerichtete Kräfte an, so sind sie gleich groß, wenn der Körper in Ruhe bleibt.

Якщо дві сили F_1 і F_2 діють **в одному напрямку**, то:

Wenn zwei Kräfte F_1 und F_2 **in gleicher Richtung** wirken, dann ist:

$$F = F_1 + F_2$$

Якщо дві сили F_1 і F_2 діють **у проти-лежних** напрямках, то для ($F_1 > F_2$) діє:

Wenn zwei Kräfte F_1 und F_2 **in entge-gengesetzter** Richtung wirken, dann für ($F_1 > F_2$):

$$F = F_1 - F_2$$

Якщо дві сили F_1 і F_2 діють під **прямим кутом** одна до одної, то:

Wenn zwei Kräfte F_1 und F_2 **im rechten Winkel** zueinander wirken, dann:

$$F = (F_1^2 + F_2^2)^{1/2}$$

Якщо дві сили F_1 і F_2 діють у **будь-якому напрямку** під кутом **α** одна до одної, то:

Wenn zwei Kräfte F_1 und F_2 in **beliebiger Richtung** mit dem Winkel **α** zueinander wirken, dann:

$$F = (F_1^2 + F_2^2 + 2F_1 \cdot F_2 \cdot \cos\alpha)^{1/2}$$

Силу F також можна розкласти на часткові сили F_1 і F_2, якщо відомі напрямки часткових сил.

Eine Kraft F kann auch in Teilkräfte F_1 und F_2 zerlegt werden, wenn die Richtungen der Teilkräfte bekannt sind.

Сили також можна розкласти на **похилій** площині.

Eine Zerlegung von Kräften kann auch an der **geneigten** Ebene erfolgen.

Силу ваги F_G можна розбити на **силу вниз F_H** паралельно похилій площині та **нормальну силу F_N** перпендику-лярно похилій площині.

Die **Gewichtskraft F_G** kann in die **Hangabtriebskraft F_H** parallel zur ge-neigten Ebene und in die **Normalkraft F_N** senkrecht zur geneigten Ebene zer-legt werden.

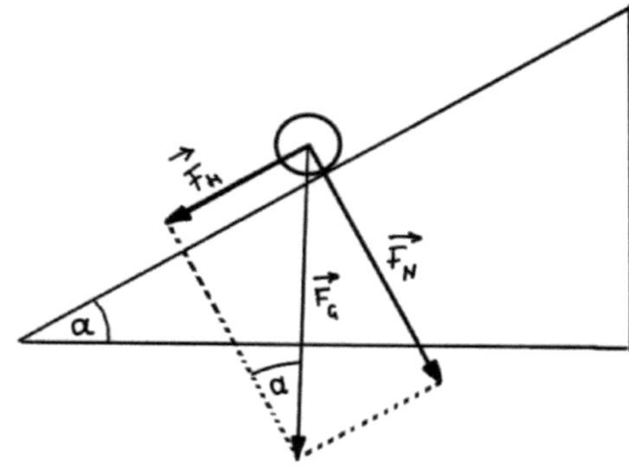

Часткові сили також можна роз-
рахувати:

Die Teilkräfte kann man auch berech-
nen:

$$F_H = F_G \cdot \sin \alpha$$
$$F_N = F_G \cdot \cos \alpha$$

Деформації, які зберігаються після припинення дії на тіло зовнішніх сил, називають **пластичними.**

Verformungen, die nach Beendigung der Einwirkung äußerer Kräfte auf den Körper bestehen bleiben, werden als **plastisch** bezeichnet.

Деформації, які повністю зникають після припинення дії на тіло зовнішніх сил, називають **пружними.**

Verformungen, die nach Beendigung der Einwirkung äußerer Kräfte auf den Körper vollständig verschwinden, werden als **elastisch** bezeichnet.

Сила пружності - це сила, яка виникає під час деформації тіла і напрямлена протилежно напрямку зміщення частин цього тіла в ході деформації.

Die **elastische Kraft** ist eine Kraft, die bei der Verformung eines Körpers auftritt und der Richtung der Verschiebung von Teilen dieses Körpers bei der Verformung entgegengerichtet ist.

Деформація опори викликає появу сили пружності, яка діє на тіло перпендикулярно до поверхні опори. Цю силу називають **силою нормальної реакції опори** і позначають символом **N**.

Durch die **Verformung** des Trägers entsteht eine elastische Kraft, die senkrecht zur Oberfläche des Trägers auf den Körper einwirkt. Diese Kraft wird als **normale Reaktionskraft** des Trägers bezeichnet und mit dem Symbol **N** bezeichnet.

2.4.1 Закони Ньютона

Закони Ньютона містять фундаментальні співвідношення між силами, швидкостями та прискореннями.

Перший закон (закон інерції)

Тіло перебуває в стані спокою або рівномірного прямолінійного руху, поки сума сил, що діють на нього, дорівнює нулю.

Другий закон (основний закон)

Між силою, масою та прискоренням існує така залежність:

Третій закон (закон дії та протидії)

Коли два тіла взаємодіють одне з одним, на кожне з них діє сила. Сили рівні за модулем і протилежні за напрямом.

Die Newtonschen Gesetze

Die **Newtonschen Gesetze** beinhalten grundlegende Zusammenhänge zwischen Kräften, Geschwindigkeiten und Beschleunigungen.

Erstes Gesetz (Trägheitssatz)

Ein Körper bleibt in Ruhe oder in gleichförmiger geradliniger Bewegung, solange die Summe der auf ihn wirkenten Kräfte null ist.

Zweites Gesetz (Grundgesetz)

Zwischen Kraft, Masse und Beschleunigung gilt folgender Zusammenhang:

$$F = m \cdot a$$

Drittes Gesetz (Wechselwirkungssatz)

Wirken zwei Körper aufeinander ein, so wirkt auf jeden der Körper eine Kraft. Die Kräfte sind gleich groß und entgegengesetzt gerichtet.

$$F_1 = -F_2$$

2.4.2 Сила тяжіння

Усі тіла притягуються одне до одного завдяки своїй масі. Це явище називається **гравітацією**.
Сили притягання називаються **силами тяжіння** (або гравітації).

Два тіла притягуються одне до одного з однаковою силою. Величину сили можна розрахувати відповідно до закону тяжіння.

Силу тяжіння між двома тілами можна обчислити за формулою:

Die Gravitationskraft

Alle Körper ziehen sich aufgrund ihrer Masse gegenseitig an. Diese Erscheinung wird **Gravitation** bezeichnet. Die anziehenden Kräfte nennt man **Gravitationskräfte.**

Zwei Körper ziehen sich wechselseitig mit der gleichen Kraft an. Der Betrag der Kraft kann nach dem Gravitationsgesetz berechnet werden.

Die **Gravitationskraft** zwischen zwei Körpern kann man mit der Formel berechnen:

$$F = G \cdot m_1 \cdot m_2 \, / \, r^2$$

F - сила тяжіння
G - постійна гравітаційна сила тяжіння
($G = 6{,}673 \cdot 10^{-11} \cdot \text{Н} \cdot \text{м}^2 \cdot \text{кг}^{-2}$)
m_1, m_2 - маси тіл
r - відстань між центрами мас

F - Gravitationskraft
G - Gravitationskonstante
($G = 6{,}673 \cdot 10^{-11} \cdot \text{N} \cdot \text{m}^2 \cdot \text{kg}^{-2}$)
m_1, m_2 - Masse der Körper
r - Abstand der Massenmittelpunkte

2.4.3 Сила ваги

Вага показує силу, з якою тіло тисне (діє) на нерухому горизонтальну поверхню або тягне підвіс.

Вага, яка діє на тіло, залежить від його маси та місця, де воно знаходиться.

Вага F_G розраховується за формулою:

Die Gewichtskraft

Die Gewichtskraft gibt an, mit welcher Kraft ein Körper auf eine ruhende waagerechte Unterlage drückt (wirkt) oder an einer Aufhängung zieht.

Die Gewichtskraft, die auf einen Körper wirkt, hängt ab von seiner Masse und von dem Ort, an dem er sich befindet.

Die Gewichtskraft F_G wird berechnet mit der Formel:

$$F_G = m \cdot g$$

m - маса
g - коефіцієнт розташування
   (прискорення вільного падіння)

m - Masse
g - Ortsfaktor (Fallbeschleunigung)

Одиниця ваги: **один Ньютон (1 Н)**

Einheit der Gewichtskraft: **ein Newton (1 N)**

На земній поверхні коефіцієнт розташування **g = 9,81Н/кг.**

Auf der Erdoberfläche beträgt Ortsfaktor **g = 9,81N/kg.**

Вага тіла має те ж саме значення, що і сила тяжіння.

Das Gewicht des Körpers hat den gleichen Wert wie die Schwerkraft.

$$P = m \cdot g$$

тільки в стані спокою або рівномірного прямолінійного руху тіла.

nur im Ruhezustand oder in gleichmäßiger geradliniger Bewegung des Körpers.

Сила - це фізична величина, тому її можна вимірювати.

Kraft ist eine physikalische Größe und kann daher gemessen werden.

Прилади для вимірювання сили називають **динамометрами.**

Geräte zur Kraftmessung werden **Dynamometer** genannt.

2.4.4 Сила тертя

При стиканні одного тіла з іншим (злипання, ковзання, кочення), виникає тертя.
Між тілами діють сили тертя, які гальмують рух.

Залежно від типу руху тіл одне об одне розрізняють **тертя спокою, тертя ковзання** і **тертя кочення**.

Сила тертя ковзання - це сила, що виникає при ковзанні одного тіла по поверхні іншого і направлена протилежно напрямку руху тіла.

Силу тертя F_R ковзання можна розрахувати за допомогою рівняння:

$$F_R = \mu \cdot F_N$$

μ - коефіцієнт тертя ковзання
F_N - нормальна сила

Чим більша нормальна сила F_N, тим більша сила тертя за однакових умов.

Коефіцієнт тертя ковзання визначається, зокрема, матеріалами, з яких виготовлені контактні тіла, та якістю обробки їхніх поверхонь.

Силу тертя можна **збільшити** або **зменшити**.

Die Reibungskraft

Wenn Körper miteinander in Kontakt kommen (kleben, gleiten, rollen), tritt Reibung auf. Zwischen den Körpern wirken Reibungskräfte, die die Bewegung hemmen.

Nach der Art der Bewegung der Körper aufeinander unterscheidet man zwischen **Haftreibung, Gleitreibung** und **Rollreibung.**

Die **Gleitreibungskraft** ist eine Kraft, die entsteht, wenn ein Körper über die Oberfläche eines anderen gleitet und der Bewegungsrichtung des Körpers entgegengerichtet ist.

Die **Gleitreibungskraft F_R** kann berechnet werden mit der Gleichung:

$$F_R = \mu \cdot F_N$$

μ - Gleitreibungskoeffizient
F_N - Normalkraft

Je größer die Normalkraft F_N ist desto größer ist bei gleichen Bedingungen die Reibungskraft.

Der Gleitreibungskoeffizient wird insbesondere durch die Materialien, aus denen die Kontaktkörper hergestellt sind, und durch die Qualität ihrer Oberflächenbehandlung bestimmt.

Die Reibungskraft kann **vergrößert** oder **verkleinert** werden.

2.4.5 Крутний момент

Якщо тверде тіло може обертатися лише навколо однієї осі, то сили, що діють на це тіло, спричиняють його обертання. Однак це може статися лише в тому випадку, якщо сила не діє в напрямку осі обертання.

Дія сили на тіло обертання описується як **крутний момент**.

Крутний момент показує, наскільки сильно сила діє на тіло, що обертається.
Позначення: **M**
Одиниця: **один Ньютон-метр (1 Нм)**

За умови, що сила діє на важіль вертикально, має місце:

$$M = F \cdot r$$

M - крутний момент
r - відстань лінії дії сили від осі обертання
F - діюча сила

Вирішальне значення для впливу сили на тіло, встановлене з можливістю обертання:
- величина сили
- напрямок сили
- відстань лінії дії сили від осі обертання

Лівобічні моменти називають додатними, праві - від'ємними.

Тіло перебуває в стані рівноваги, коли сума всіх діючих сил і сума всіх крутних моментів відносно будь-якої точки повороту, дорівнює нулю.

Das Drehmoment

Ist ein starrer Körper nur um eine Achse drehbar, so rufen an diesem Körper angreifende Kräfte eine Drehung hervor. Diese kann aber nur hervorgerufen werden, wenn die Kraft nicht in Richtung der Drehachse wirkt.

Die Wirkung einer Kraft auf einen drehbar gelagerten Körper wird durch das **Drehmoment** beschrieben.

Das **Drehmoment** gibt an, wie stark eine Kraft auf einen drehbar gelagerten Körper wirkt.
Bezeichnung: **M**
Einheit: **ein Newtonmeter (1 Nm)**

Unter der Bedingung, dass die Kraft senkrecht am Hebel angreift, gilt:

$$M = F \cdot r$$

M - Drehmoment
r - Abstand der Wirkungslinie der Kraft von der Drehachse
F - wirkende Kraft

Entscheidend für die Wirkung einer Kraft auf einen drehbar gelagerten Körper sind:
- die Größe der Kraft
- die Richtung der Kraft
- der Abstand der Wirkungslinie der Kraft von der Drehachse

Die linksdrehenden Momente werden als positive Momente, die rechtsdrehenden als negative Momente bezeichnet.

Ein Körper befindet sich im Gleichgewicht, wenn die Summe aller angreifenden Kräfte und die Summe aller Drehmomente in Bezug auf einen beliebigen Drehpunkt null ist.

2.4.6 Важіль та блок

До **силоутворюючих** пристроїв відносяться різні типи **важелів, блоків і поліспастів.**

Важелі бувають **односторонні** та **двосторонні**

Односторонні важелі

Вісь обертання знаходиться з одного боку, різні сили діють з одного боку, якщо дивитися з осі обертання.

Der Hebel und die Rolle

Zu **den kraftumformenden** Einrichtungen gehören die verschiedenen Arten von **Hebeln, Rollen** und **Flaschenzügen.**

Bei den Hebeln unterscheidet man zwischen **einseitigen** und **zweiseitigen Hebeln.**

Einseitiger Hebel

Die Drehachse liegt auf einer Seite, verschiedene Kräfte greifen von der Drehachse aus gesehen auf der gleichen Seite an.

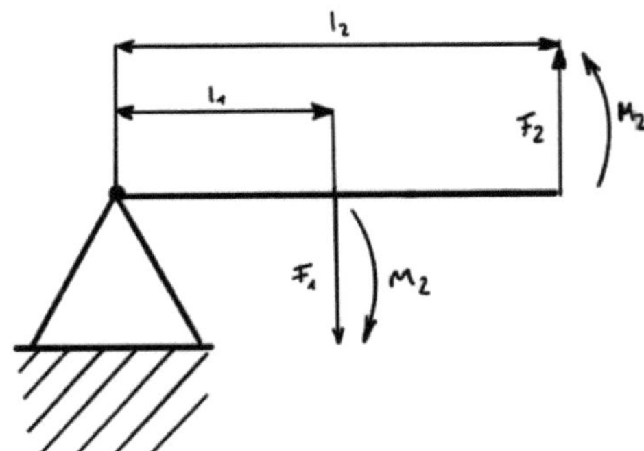

Якщо односторонній важіль знаходиться в рівновазі, то діє наступне:

Befindet sich der einseitige Hebel im Gleichgewicht, so gilt:

$$F_1 \cdot l_1 = F_2 \cdot l_2$$

F_1, F_2 - діючі сили
l_1, l_2 - відповідні плечі сили

F_1, F_2 - die wirkenden Kräfte
l_1, l_2 - die entsprechenden Kraftarme

Двосторонній важіль

Вісь обертання розташована таким чином, що сили діють з різних сторін, якщо дивитися від осі обертання.

Zweiseitiger Hebel

Die Drehachse liegt so, dass Kräfte von der Drehachse aus gesehen auf verschiedenen Seiten angreifen.

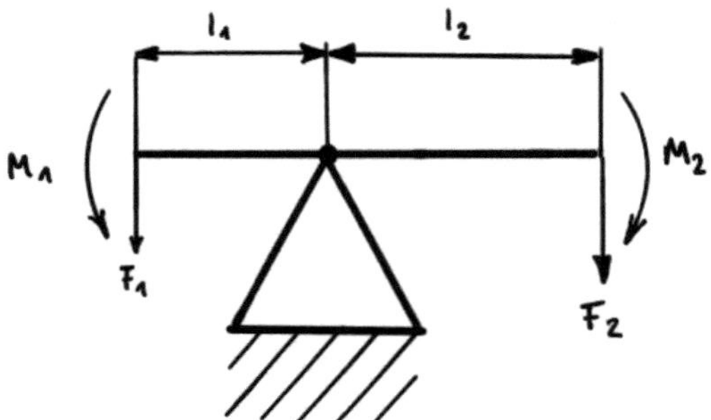

Якщо двосторонній важіль знаходиться в рівновазі, також діє наступне:

Befindet sich der zweiseitige Hebel im Gleichgewicht, so gilt ebenfalls:

$$F_1 \cdot l_1 = F_2 \cdot l_2$$

Закон важеля застосовується до будь-якого важеля:
Важіль знаходиться **в рівновазі**, коли лівий крутний момент $M_1 = F_1 \cdot l_1$ дорівнює правому крутному моменту $M_2 = F_2 \cdot l_2$.

Für beliebige Hebel gilt das Hebelgesetz:
Der Hebel ist im **Gleichgewicht**, wenn das linksdrehende Drehmoment $M_1 = F_1 \cdot l_1$ gleich dem rechtsdrehenden Drehmoment $M_2 = F_2 \cdot l_2$ ist.

$$M_1 = M_2$$

Щоб **змінити** напрямок сили або зменшити величину прикладеної сили, використовуються **блоки з тросами.**

Um die Richtung einer Kraft zu ändern oder den Betrag der aufzubringenden Kraft zu verringern, verwendet man **Rollen mit Seilen**.

Блок - це простий механізм, що має форму колеса із жолобом по ободу, через який перекинуто мотузку (канат).

Die **Rolle** ist ein einfacher radförmiger Mechanismus mit einer Rille am Rand, durch die ein Seil geworfen wird.

Розрізняють **нерухомий блок, рухомий блок та поліспасти.**

Man unterscheidet zwischen **festen Rollen, losen Rollen und Flaschenzügen.**

Якщо блок прикріплений до нерухомого предмета, його називають **нерухомим блоком.**

Ist eine Rolle an einem feststehenden Gegenstand befestigt, so spricht man von einer **festen Rolle**.

З його допомогою відбувається **перенаправлення** сил.

Mit ihrer Hilfe werden Kräfte **umgelenkt**.

Якщо ви керуєте мотузкою через нерухомі блоки, напрямок сили можна змінити без зміни величини сили.

Wenn man ein Seil über feste Rollen lenkt, kann die Richtung der Kraftwirkung umgelenkt werden, ohne dass die Beträge der Kräfte sich ändern.

При **нерухомому блоку** розтягуюча сила F_z точно така ж, як вага F_G вантажу.

Bei einer **festen Rolle** ist die Zugkraft F_z genau so groß wie die Gewichtskraft F_G der Last.

Шлях тяги s_z і шлях навантаження s_L мають однаковий розмір.

Zugweg s_z und Lastweg s_L sind gleich groß.

$$F_z = F_1$$
$$s_z = s_l$$

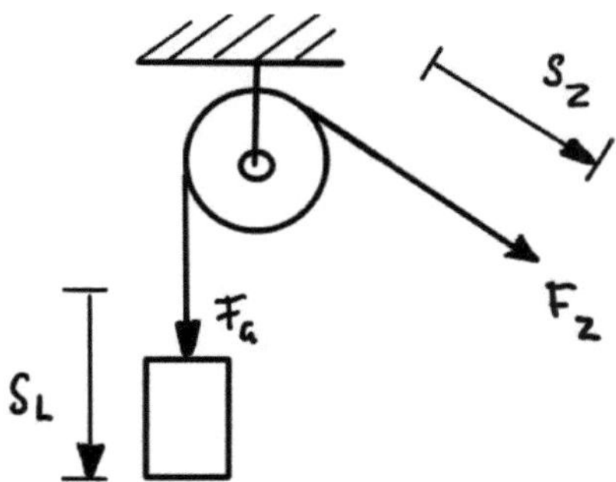

При **рухомому блоку** вага вантажу розподіляється на **дві мотузки.**

Bei einer **losen Rolle** verteilt sich die Gewichtskraft der Last auf **zwei Seile**.

На кожну мотузку діє лише **половина** ваги мотузки.

Auf jedes Seil wirkt nur die **halbe Gewichtskraft**.

Шлях натягу s_z вдвічі більший за шлях навантаження s_L.

Der Zugweg s_z ist doppelt so groß wie der Lastweg s_L.

$$F_z = \tfrac{1}{2} \cdot F_G$$
$$s_z = 2s_L$$

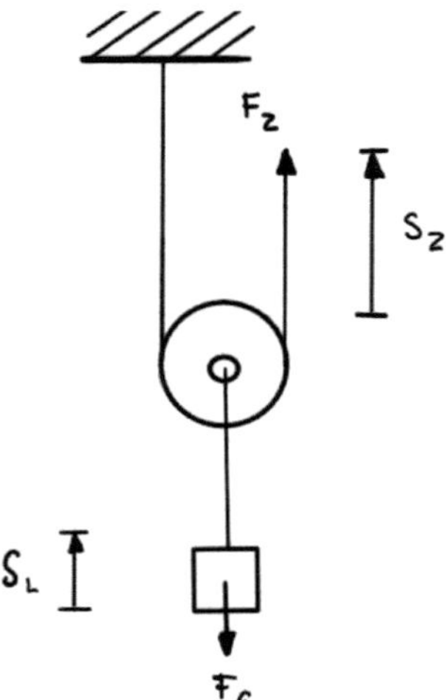

Розтягуюча сила F_z в корпусі на чотирьох несучих канатах становить чверть ваги F_G вантажу.

Die Zugkraft F_z im Fall von vier tragenden Seilen beträgt ein Viertel der Gewichtskraft F_G der Last.

Шлях тяги s_z у чотири рази більший за шлях навантаження s_L.

Der Zugweg s_z ist viermal so groß wie der Lastweg s_L.

$$F_z = \tfrac{1}{4} \cdot F_G$$
$$s_z = 4s_L$$

У **поліспасту** кількість канатів, на які розподіляється навантаження, завжди дорівнює числу несучих канатів.

Bei einem **Flaschenzug** ist die Anzahl der Seile, auf die sich die Last verteilt, immer gleich der Anzahl der tragenden Seile.

За допомогою **поліспаста** вага навантаження розподіляється на кількість несучих канатів.

Bei einem **Flaschenzug** verteilt sich die Gewichtskraft der Last auf die Anzahl der tragenden Seile.

Якщо кількість несучих канатів у шківі дорівнює **n**, то має місце таке:

Beträgt die Anzahl der tragenden Seile bei einem Flaschenzug **n**, so gilt:

$$F_z = 1/n \cdot F_G$$
$$s_z = n \cdot s_L$$

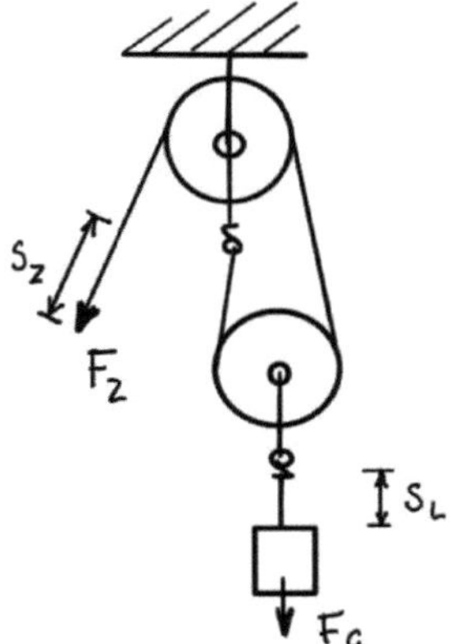

Важелі та блоки можуть змінювати величину, напрямок або точку прикладання сили, але не можуть зекономити механічну роботу.

Золоте правило механіки поширюється на всі пристрої, що перетворюють силу:

Те, що ви економите в енергії, ви повинні додати до шляху.

Hebel und Rollen können Betrag, Richtung oder Angriffspunkt der aufzuwendenden Kraft verändern, aber keine mechanische Arbeit einsparen.

Die **Goldene Regel der Mechanik** gilt für alle kraftumformenden Einrichtungen:

Was man an Kraft spart, muss man an Weg zusetzen.

2.5 Механічна робота, енергія та потужність

Механічна робота виконується під час переміщення тіла на **відстань s** під дією **сили F**.
Позначення: **A**
Одиниці: **один Джоуль (1 Дж)**
        один Ньютон-метр (1 Нм)

За умови, що сила постійна і діє в напрямку шляху: $A = F \cdot s$

Робота в **1 джоуль** виконується, коли сила в **1 Ньютон** діє на відстані в **1 метр**.

Види механічних робіт:
- підйомні роботи
- прискорювальна робота
- робота тертя
- робота розтягування

Під час підйому тіла виконується **підйомна робота**

$$A = F_g \cdot h = m \cdot g \cdot h$$

Якщо тіло прискорюється, то виконується **прискорювальна робота**

$$A = m \cdot a \cdot s$$

Якщо на тіло діє **сила тертя**, яка гальмує його рух, то виконується **робота тертя**

$$A = F_r \cdot s = \mu \cdot F_N \cdot s$$

Якщо тіло деформується, то відбувається **робота розтягування**

$$A = \tfrac{1}{2} \cdot D \cdot s^2$$

Mechanische Arbeit, Energie und Leistung

Mechanische Arbeit wird verrichtet, wenn ein Körper durch eine **Kraft F** längs eines **Weges s** bewegt wird.
Bezeichnung: **W**
Einheiten: **ein Joule (1 J)**
        ein Newtonmeter (1 Nm)

Unter der Bedingung, dass die Kraft konstant ist und in Richtung des Wegs wirkt, gilt: $W = F \cdot s$

Arbeit von **1 Joule** wird verrichtet, wenn die Kraft von **1 Newton** längs eines Weges von **1 Meter** wirkt.

Arten mechanischer Arbeit:
- Hubarbeit
- Beschleunigungsarbeit
- Reibungsarbeit
- Spannarbeit

Wird ein Körper gehoben, so wird **Hubarbeit** verrichtet

$$W = F_g \cdot h = m \cdot g \cdot h$$

Wird ein Körper beschleunigt, so wird **Beschleunigungsarbeit** verrichtet

$$W = m \cdot a \cdot s$$

Wirkt ein Reibungskräfte auf einen Körper und hemmen seine Bewegung, wird **Reibungsarbeit** verrichtet

$$W = F_r \cdot s = \mu \cdot F_N \cdot s$$

Wird ein Körper verformt, so wird **Spannarbeit** verrichtet

$$W = \tfrac{1}{2} \cdot D \cdot s^2$$

Механічна енергія - це здатність тіла виконувати механічну роботу. Позначення: E_{mech}

Mechanische Energie ist die Fähigkeit eines Körpers mechanische Arbeit zu verrichten.
Bezeichnung: E_{mech}

Механічна енергія існує у двох формах: як **потенціальна енергія (енергія положення) E_p і енергія руху (кінетична енергія) E_k.**

Mechanische Energie tritt in zwei Formen auf: als **potentielle Energie (Energie der Lage) E_p und Energie der Bewegung (kinetische Energie) E_k.**

Потенціальна енергія піднятого тіла дорівнює добутку маси **m** тіла, прискорення вільного падіння **g** та висоту **h**, на якій знаходиться тіло:

Die **potenzielle Energie** eines angehobenen Körpers ist gleich dem Produkt aus der Masse **m** des Körpers, der Beschleunigung des freien Falls **g** und der Höhe **h**, in der sich der Körper befindet:

$$E_p = m \cdot g \cdot h$$

Кінетична енергія - це енергія, яка виникає внаслідок руху тіла і дорівнює половині добутку маси тіла на квадрат його швидкості:

Kinetische Energie ist die durch die Bewegung eines Körpers verursachte Energie und entspricht der Hälfte des Produkts aus der Masse des Körpers und dem Quadrat seiner Geschwindigkeit:

$$E_k = \tfrac{1}{2} \cdot m \cdot v^2$$

Підйомна робота призводить до зміни **потенціальної енергії.**

Hubarbeit führt zu einer Änderung der **potenziellen Energie.**

Робота прискорення призводить до зміни **кінетичної енергії.**

Beschleunigungsarbeit führt zu einer Änderung der **kinetischen Energie.**

Одним із фундаментальних законів при-роди є **закон збереження і перетворення енергії:**

Eines der Grundgesetze der Natur ist das **Gesetz der Energieerhaltung und -umwandlung:**

Енергія нікуди не зникає і нізвідки не виникає, вона лише **перетворюється** із одного виду в інший, **передається** від одного тіла до іншого.

Energie verschwindet nirgendwo und entsteht nirgendwo, sie **wandelt sich** nur von einer Form in eine andere **um**, wird von einem Körper auf einen anderen **übertragen**.

Суму кінетичної і потенціальної енергій тіла називають **повною механічною**

Die Summe der kinetischen und potentiellen Energien eines Körpers wird als

енергією тіла.

gesamte mechanische Energie des Körpers bezeichnet.

За умови, що не відбувається перетворення механічної енергії в інші види енергії, діє наступне:

Unter der Bedingung, dass keine Umwandlung von mechanischer Energie in andere Energieformen erfolgt, gilt:

Сума потенціальної та кінетичної енергії тіла постійна.

Die Summe aus potentieller und kinetischer Energie eines Körpers ist konstant.

$$E_p + E_k = \text{константа / konstant}$$

Механічна потужність показує, скільки механічної роботи виконується щосекунди.
Позначення: **P**
Одиниця: **один Ватт (1 Вт)**

Die **mechanische Leistung** gibt an, wie viel mechanische Arbeit in jeder Sekunde verrichtet wird.
Bezeichnung: **P**
Einheit: **ein Watt (1 W)**

Механічну потужність можна розрахувати за формулою:

Die mechanische Leistung kann berechnet werden mit der Formel:

$$P = \frac{A}{t}$$

$$P = \frac{W}{t}$$

A - виконана робота
 t - час виконання роботи

W - verrichtete Arbeit
 t - Zeit, in der die Arbeit verrichtet wurde

1 Вт дорівнює потужності, за якої робота в **1 Дж** виконується за **1 с**:

1 W entspricht der Leistung, bei der **1 J** Arbeit in **1 s** verrichtet wird:

1 Вт = 1 Дж / 1 с

1 W = 1 J / 1 s

З визначення потужності випливає, що потужність чисельно дорівнює роботі, виконаній за одну секунду.

Aus der Definition von Leistung folgt, dass Leistung numerisch gleich der in einer Sekunde geleisteten Arbeit ist.

Якщо тіло рухається **рівномірно**, механічну потужність можна обчислити за формулою:

Bewegt sich ein Körper **gleichförmig**, so kann die mechanische Leistung berechnet werden mit der Formel:

$$P = F \cdot v$$

F - діюча сила
V - швидкість

F - wirkende Kraft
V - Geschwindigkeit

2.6 Механіка рідин і газів

Тиск показує силу, з якою тіло діє перпендикулярно на площу 1 м^2.
Позначення: **p**
Одиниця: **один Паскаль (1 Па)**

$$1 \text{ Па} = 1 \text{ Н} / \text{м}^2$$

Коли сила діє на поверхню перпендикулярно, **тиск** обчислюється за формулою:

$$p = \frac{F}{S}$$

F - діюча сила
S - площа, на яку діє сила

Силу F називають також **стискаючою силою** і вона може бути визначена та обчислена за допомогою формули **F = p · S**.

Чим більша площа натискання, тим більша **сила тиску.**

Гази можна стиснути, прикладаючи до поршня більшу силу.

Гравітаційний тиск - це тиск у рідині, який створюється вагою стовпа рідини над нею.

Для газів **тиск повітря** має особливе значення, оскільки це гравітаційний тиск повітря в нашій атмосфері.

Тиск сили тяжіння в рідинах можна розрахувати по формулі:

$$p = F_G/S = m \cdot g/S = \rho \cdot g \cdot h$$

Mechanik der Flüssigkeiten und Gase

Der **Druck** gibt an, mit welcher Kraft ein Körper senkrecht auf eine Fläche von 1 m^2 wirkt.
Bezeichnung: **p**
Einheiten: **ein Pascal (1 Pa)**

$$1 \text{ Pa} = 1 \text{ N} / \text{m}^2$$

Unter der Bedingung, dass die Kraft senkrecht auf die Fläche wirkt, wird der **Druck** mit folgender Formel berechnet:

$$p = \frac{F}{A}$$

F - wirkende Kraft
A - Fläche, auf die die Kraft wirkt

Die Kraft **F** wird auch als **Druckkraft** bezeichnet und kann mit der Formel **F = p · A** berechnet werden.

Je größer die gedrückte Fläche ist, desto größer ist die **Druckkraft**.

Gase lassen sich durch eine größere Kraft auf den Kolben zusammendrücken.

Der **Schweredruck** ist der Druck in einer Flüssigkeit, der durch die Gewichtskraft der darüberliegenden Flüssigkeitssäule entsteht.

Bei Gasen ist der **Luftdruck** als Schweredruck der Luft unserer Atmosphäre von besonderer Bedeutung.

Der **Schweredruck** in Flüssigkeiten kann berechnet werden:

$$p = F_G/A = m \cdot g/A = \rho \cdot g \cdot h$$

ρ - густина рідини
g - коефіцієнт розташування
h - висота стовпа рідини

ρ - Dichte der Flüssigkeit
g - Ortsfaktor
h - Höhe der Flüssigkeitssäule

Гідростатичний (гравітаційний) тиск залежить тільки від густини рідини та висоти стовпа рідини в посудині.

Der **Schweredruck** hängt nur von der Dichte der Flüssigkeit und der Höhe der Flüssigkeitssäule im Gefäß ab.

У сполучених між собою посудинах рідина знаходиться на однаковій висоті в усіх частинах посудини.

In miteinander verbundenen Gefäßen steht die Flüssigkeit in allen Teilen des Gefäßes gleich hoch.

Нормальний тиск повітря на земній поверхні на рівні моря (стандартний тиск) становить 101,325 кПа.

Der **normale Luftdruck** an der Erdoberfläche in Höhe des Meeresspiegels (Normdruck) beträgt 101,325 kPa.

Простір, у якому тиск значно нижчий за нормальний тиск повітря, називається **вакуумом**.

Ein Raum, in dem wesentlich kleinerer Druck als der normale Luftdruck herrscht, wird als **Vakuum** bezeichnet.

Гідравлічні системи - це пристрої, що перетворюють сили. Вони використовують рівномірний і всебічний розподіл тиску в рідинах.

Hydraulische Anlagen sind kraftumformende Einrichtungen. Bei ihnen wird die gleichmäßige und allseitige Ausbreitung des Drucks in Flüssigkeiten genutzt.

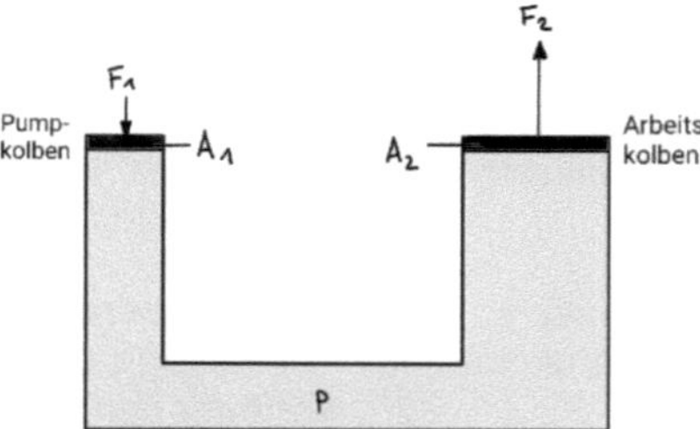

За допомогою сили F_1 на поршень меншої площі A_1 (насосний поршень) досягається сила F_2 на поршень більшої площі A_2 (робочий поршень).

Mit einer Kraft F_1 am Kolben der kleineren Fläche A_1 (Pumpkolben) wird eine Kraft F_2 am Kolben der größeren Fläche A_2 (Arbeitskolben) erreicht.

Закон для гідравлічних систем

Gesetz für hydraulische Anlagen

Для кожної гідравлічної системи в рівновазі діє наступне:

Für jede hydraulische Anlage im Gleichgewicht gilt:

$$F_1 / S_1 = F_2 / S_2$$

F_1, F_2 - сили в поршні
S_1, S_2 - поверхні поршнів

З $p = F/S$ = константа випливає:

Чим більша площа, тим більша сила.

Закон Архімеда

На всяке тіло, занурене в рідину абогаз, діє закон Архімеда:

Виштовхувальна сила, що діє на тіло F_A, дорівнює вазі витісненої ним рідини або газу F_G.

$$F_1 / A_1 = F_2 / A_2$$

F_1, F_2 - Kräfte an den Kolben
A_1, A_2 - Flächen der Kolben

Aus $p = F/A$ = konstant folgt:

Je größer die Fläche, desto größer die Kraft.

Archimedisches Gesetz

Für einen Körper, der sich in einer Flüssigkeit oder in einem Gas befindet gilt das archimedische Gesetz:

Die auf den Körper wirkende Auftriebskraft F_A ist gleich der Gewichtskraft der von ihm verdrängten Flüssigkeits- bzw. Gasmenge F_G.

$$F_A = F_G$$

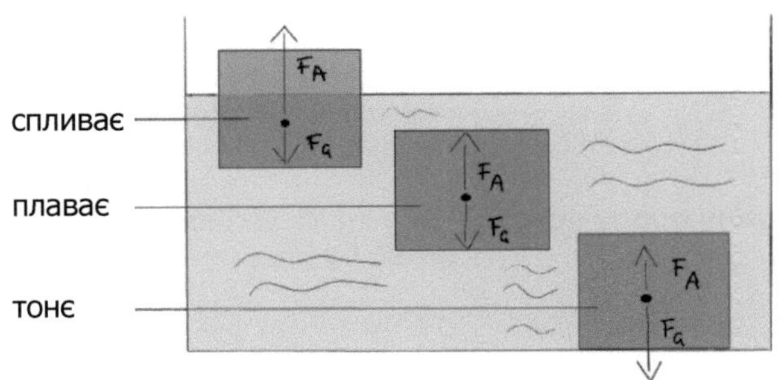

Відштовхувальна сила, що діє на занурене в рідину або газ тілодорівнює:

Für die an einen Körper angreifende **Auftriebskraft** in Flüssigkeiten und Gasen gilt:

$$F_A = \rho \cdot V \cdot g$$

ρ - густина витісненої речовини
V - об'єм тіла
g - коефіцієнт розташування

ρ - Dichte des verdrängten Stoffes
V - Volumen des Körpers
g – Ortsfaktor

Вага тіла залежить від його густини, об'єму та фактору розташування:

Die **Gewichtskraft** eines Körpers ist von seiner Dichte, seinem Volumen und vom Ortsfaktor abhängig:

$$F_G = m \cdot g = \rho_k \cdot V \cdot g$$

ρ_k - густина тіла
V - об'єм тіла
g - коефіцієнт розташування

ρ_k - Dichte des Körpers
V - Volumen des Körpers
g - Ortsfaktor

Чи тіло **тоне, плаває, піднімається** чи **спливає**, залежить від спів-відношення між силою ваги F_G і виш-товхувальною силою F_A.

Ob ein Körper **sinkt, schwebt, steigt** oder **schwimmt** hängt vom Verhältnis zwischen Gewichtskraft F_G und Auftriebskraft F_A ab.

Статичний тиск у рідині чи газі зале-жить від **швидкості течії.**

Der statische Druck in einer Flüssigkeit oder einem Gas hängt von der **Strömungsgeschwindigkeit** ab.

Згідно із **законом Бернуллі:**

Allgemein gilt das **bernoullische Gesetz**:

Чим більша швидкість потоку рідини або газу, тим менший статичний тиск.

Je größer die Strömungsgeschwindigkeit einer Flüssigkeit oder eines Gases ist, desto kleiner ist der statische Druck.

Якщо тіло оточене рідиною або газом, то на тіло діє сила, яка гальмує його рух.

Wird ein Körper von einer Flüssigkeit oder einem Gas umströmt, dann wirkt auf den Körper eine Kraft, die seine Bewegung hemmt.

Це називається **силою опору потоку F_W.**

Sie wird als **Strömungswiderstandskraft F_W** bezeichnet.

Для тіла, оточеного повітрям, силу опору повітря F_W можна розрахувати за формулою:

Für einen von Luft umströmten Körper kann die Luftwiderstandskraft F_W mit der Formel berechnet werden:

$$F_W = \tfrac{1}{2} \cdot c_W \cdot A \cdot \rho \cdot v^2$$

c_W - коефіцієнт опору повітря
S - площа поперечного перерізу, що обтекла
ρ - густина повітря
v - швидкість між тілом і повітрям

c_W - Luftwiderstandszahl
A - umströmte Querschnittsfläche
ρ - Dichte der Luft
v - Geschwindigkeit zwischen Körper und Luft

Коефіцієнт опору повітря c_W залежить від форми і властивостей поверхні відповідного тіла.

Die **Luftwiderstandszahl c_W** ist von der Form und der Oberflächenbeschaffenheit des jeweiligen Körpers abhängig.

3 Теплові явища

3.1 Температура і теплота

Температура показує, наскільки тепле або холодне тіло.
Позначення: **t, T**
Одиниці: **один Градус Цельсія (1° C)**
один Кельвін (1 K)
Приладами для вимірювання температури є **термометри**.

Температура, виміряна за шкалою Цельсія (**t**), пов'язана з температурою, виміряною за шкалою Кельвіна (**T**), співвідношенням:
t = T - 273

Температура танення чистого льоду: 0° C

Температура кипіння води:
100° C

Теплота **Q** показує, скільки енергії переходить від одного тіла до іншого.

Під час **нагрівання тіла**:
- підвищується **температура** тіла
- змінюється **об'єм** тіла
- змінюється **тиск** тіла
- змінюється **фізичний стан** тіла

Основне рівняння, пов'язане з тепловими явищами

Якщо агрегатний стан не змінюється, то тепло, яке подається чи виділяється, вичислюється:

Wärmelehre

Temperatur und Wärme

Die **Temperatur** gibt an, wie warm oder kalt ein Körper ist.
Bezeichnung: **t, T**
Einheiten: **ein Grad Celsius (1° C)**
ein Kelvin (1 K)
Messgeräte für die Temperatur sind **Thermometer**.

Die auf der Celsius-Skala (**t**) gemessene Temperatur steht im Verhältnis zur auf der Kelvin-Skala (**T**) gemessenen Temperatur im Verhältnis:
t = T - 273

Schmelztemperatur von Eis:
0° C

Siedetemperatur von Wasser:
100° C

Die Wärme **Q** gibt an, wie viel Energie von einem Körper auf einen anderen Körper übertragen wird.

Wird einem Körper **Wärme zugeführt**, kann das folgende Auswirkungen haben:
- die **Temperatur** des Körpers erhöht sich
- das **Volumen** des Körpers ändert sich
- der **Druck** im Körper ändert sich
- der **Aggregatszustand** des Körpers ändert sich

Grundgleichung der Wärmelehre

Unter der Bedingung, dass keine Änderung des Aggregatszustands erfolgt, gilt für die zugeführte oder abgegebene Wärme:

$$Q = c \cdot m \cdot \Delta t$$

c - питома теплоємність
m - маса тіла
Δt - зміна температури тіла

c - spezifische Wärmekapazität
m - Masse des Körpers
Δt - Temperaturänderung des Körpers

Питома теплоємність речовини - це фізична величина, що характеризує речовину і чисельно дорівнює кількості теплоти, яку необхідно передати речовині масою 1 кг, щоб нагріти її на 1°C.

Die spezifische Wärmekapazität eines Stoffes ist eine physikalische Größe, die den Stoff charakterisiert und numerisch gleich der Wärmemenge ist, die auf einen 1 kg schweren Stoff übertragen werden muss, um ihn um 1°C zu erhitzen.

Джерела тепла - це технічні пристрої або природні об'єкти, які віддають тепло навколишньому середовищу.

Wärmequellen sind technische Geräte oder natürliche Objekte, die Wärme an ihre Umgebung abgeben.

Теплота згоряння Q показує, скільки тепла виділяється при спалюванні певної кількості палива.

Die **Verbrennungswärme Q** gibt an, wie viel Wärme abgegeben wird, wenn eine bestimmte Menge Brennstoff verbrannt wird.

Теплоту згоряння можна розрахувати за формулою:

Die **Verbrennungswärme** kann man berechnen mit Formel:

$$Q = H \cdot m$$

H - теплотворна здатність
m - маса палива

H - Heizwert
m - Masse des Brennstoffs

Теплова потужність P показує, скільки тепла виділяє джерело тепла кожну секунду.
Одиниця: **один Ватт (1 Вт)**

Die **thermische Leistung P** gibt an, wieviel Wärme in jeder Sekunde von der Wärmequelle abgegeben wird.
Einheit: **ein Watt (1 W)**

$$P = \frac{Q}{t}$$

Q - виділене тепло
t - час

Q - abgegebene Wärme
t - Zeit

Зміна тіл при зміні температури

Якщо змінюється температура тіла, то змінюється і його **об'єм**.

$$\Delta V = \Upsilon \cdot V_o \cdot \Delta t$$

Υ - коефіцієнт об'ємного розширення
V_o - початковий об'єм
Δt - зміна температури

За умови, що тверде тіло може вільно розширюватися, зміна **довжини** дорівнює:

$$\Delta I = \alpha \cdot I_o \cdot \Delta t$$

α - коефіцієнт лінійного розширення
I_o - початкова довжина
Δt - зміна температури

Рівняння стану ідеального газу

Між тиском, об'ємом і температурою ідеального газу існує така залежність:

$$\rho V / T = konstant$$

ρ - тиск
V - об'єм
T - температура в Кельвінах

Гази, що розширюються, також можуть виконувати роботу, наприклад, у двигунах внутрішнього згоряння.

Änderung von Körpern bei Temperaturänderung

Wenn sich die Temperatur eines Körpers ändert, so ändert sich im Allgemeinen auch sein **Volumen**.

$$\Delta V = \Upsilon \cdot V_o \cdot \Delta t$$

Υ - Volumenausdehnungskoeffizient
V_o - Ausgangsvolumen
Δt - Temperaturänderung

Unter der Bedingung, dass sich ein fester Körper frei ausdehnen kann, gilt für die **Längenänderung**:

$$\Delta I = \alpha \cdot I_o \cdot \Delta t$$

α - Längenausdehnungskoeffizient
I_o - Ausgangslänge
Δt - Temperaturänderung

Zustandsgleichung für das ideale Gas

Zwischen Druck, Volumen und Temperatur des idealen Gases besteht folgender Zusammenhang:

$$\rho V / T = konstant$$

ρ - Druck
V - Volumen
T - Temperatur in Kelvin

Sich ausdehnende Gase können auch Arbeit verrichten, zum Beispiel bei Verbrennungsmotoren.

3.2 Зміна фізичного стану

Майже всі речовини можуть бути твердими, рідкими або газоподібними.

Надходження або виділення тепла може змінити фізичний стан тіла.

Якщо до твердого тіла підвести тепло, воно переходить із твердого стану в рідкий при **температурі плавлення $t_п$. Воно тане**.

Якщо від рідини відібрати тепло, вона переходить у твердий стан при **температурі затвердіння $t_з$. Замерзає**.

При плавленні і затвердінні температура не змінюється. **Температура плавлення і температура затвердіння однакові.**

Теплоту плавлення $Q_п$ можна розрахувати за формулою:

$$Q_п = \lambda \cdot m$$

λ - питоме теплота плавлення
m - маса тіла

Чим більший тиск, тим нижча **температура танення** льоду.

Якщо до рідини додати тепло, вона переходить з рідкого стану в газоподібний при **температурі кипіння. Вона випаровується.**

Якщо від газу відібрати тепло, він переходить у рідкий стан при **температурі конденсації. Він конденсується.**

Aggregatszustandsänderung

Fast alle Stoffe können fest, flüssig oder gasförmig sein.

Durch die Zufuhr oder Abgabe von Wärme kann sich der Aggregatszustand eines Körpers ändern.

Wird einem festen Körper Wärme zugeführt, so geht er bei der **Schmelztemperatur t_S** vom festen in den flüssigen Aggregatszustand über. Er **schmilzt**.

Wird einer Flüssigkeit Wärme entzogen, so geht sie bei der **Erstarrungstemperatur t_E** in den festen Aggregatszustand über. Es **erstarrt**.

Während des Schmelzens und des Erstarrens ändert sich die Temperatur nicht. **Schmelztemperatur und Erstarrungstemperatur sind gleich groß.**

Die **Schmelzwärme Q_S** kann berechnet werden mit der Formel:

$$Q_S = q_S \cdot m$$

q_S - spezifische Schmelzwärme
m - Masse des Körpers

Je größer der Druck ist, desto niedriger ist die **Schmelztemperatur** von Eis.

Wird einer Flüssigkeit Wärme zugeführt, so geht sie bei der **Siedetemperatur** vom flüssigen in den gasförmigen Aggregatszustand über. Sie **verdampft**.

Wird einem Gas Wärme entzogen, so geht es bei der **Kondensationstemperatur** in den flüssigen Aggregatszustand über. Es **kondensiert**.

При кипінні та конденсації температура не змінюється. **Температура кипіння і температура конденсації однакові.**

Während des Siedens und des Kondensierens ändert sich die Temperatur nicht. **Siedetemperatur und Kondensationstemperatur sind gleich groß.**

Теплоту **пароутворення $Q_в$** можна розрахувати за умови сталості тиску за формулою:

Die **Verdampfungswärme Q_V** kann unter der Bedingung, dass der Druck konstant ist, berechnet werden mit der Formel:

$$Q_п = \lambda \cdot m$$

$$Q_V = q_V \cdot m$$

λ - питома теплота пароутворення
m - маса тіла

q_V - spezifische Verdampfungswärme
m - Masse des Körpers

Чим більший тиск на поверхню, тим вища **температура кипіння**.

Je größer der Druck auf die Oberfläche, desto höher ist die **Siedetemperatur**.

Передача енергії у вигляді тепла може відбуватися шляхом **теплопровідності, теплового потоку (конвекції)** або **теплового випромінювання.**

Die Übertragung von Energie in Form von Wärme kann durch **Wärmeleitung, Wärmeströmung (Konvektion)** oder **Wärmestrahlung** erfolgen.

При **теплопровідності** тепло передається через тіло від областей з вищою температурою до областей з нижчою.

Bei der **Wärmeleitung** wird Wärme durch Körper hindurch von Bereichen höherer Temperatur zu Bereichen niedrigerer Temperatur übertragen.

Метали - це **хороші теплопровідники,** особливо срібло, мідь, золото та алюміній.

Gute Wärmeleiter sind Metalle, vor allem Silber, Kupfer, Gold und Aluminium.

За **допомогою теплового потоку (конвекції)** тепло передається через потоки рідин або газів.

Bei **Wärmeströmung (Konvektion)** wird Wärme durch strömende Flüssigkeiten oder Gase übertragen.

При тепловому випромінюванні енергія передається у вигляді тепла за допомогою електромагнітних хвиль.

Bei **Wärmestrahlung** wird Energie in Form von Wärme durch elektromagnetische Wellen übertragen.

Теплове випромінювання поширюється без участі будь-якої речовини.

Wärmestrahlung breitet sich ohne die Mitwirkung eines Stoffes aus.

Тіла з **темною** і **шорсткою поверхнею** поглинають багато і відбивають мало теплового випромінювання.

Тіла з **яскравою** і **гладкою поверхнею** мало поглинають і багато відбивають теплового випромінювання.

Körper mit **dunkler** und **rauer Oberfläche** absorbieren viel und reflektieren wenig Wärmestrahlung.

Körper mit **heller** und **glatter Oberfläche** absorbieren wenig und reflektieren viel Wärmestrahlung.

3.3 Основні положення термодинаміки

Перший закон термодинаміки

Перший закон встановлює **зв'язок** між теплотою, механічною роботою і тепловою енергією тіла.

Якщо **тепло Q** і **механічна робота A** подаються або відводяться в замкнутій системі, її внутрішня енергія **E** змінюється на **ΔE.**

$$\Delta E = Q + A$$

Теплота й енергія вимірюються в **джоулі (Дж)**.

Якщо тиск залишається постійним, **роботу зміни об'єму A** можна розрахувати за такою формулою:

$$A = p \cdot \Delta V$$

p - тиск у газі
ΔV - зміна об'єму

Другий закон термодинаміки

Теплота ніколи не переходить сама по собі від тіла з нижчою температурою до тіла з вищою температурою.

Тіла з однієї речовини можуть перебувати в різних агрегатних станах.

Енергію не можна ні створити, ні знищити, її можна лише перетворити з однієї форми в іншу.

Hauptsätze der Wärmelehre

Erster Hauptsatz der Wärmelehre

Der 1. Hauptsatz stellt einen **Zusammenhang** zwischen Wärme, mechanischer Arbeit und thermischer Energie eines Körpers her.

Wird in einem abgeschlossenen System **Wärme Q und mechanische Arbeit W** zugeführt oder entnommen, so ändert sich seine innere Energie **E** um **ΔE.**

$$\Delta E = Q + W$$

Wärme und Energie werden in **Joule (J)** gemessen.

Unter der Bedingung, dass der Druck konstant bleibt, kann die **Volumenänderungsarbeit W** mit folgender Formel berechnet werden:

$$W = p \cdot \Delta V$$

p - Druck im Gas
ΔV - Volumenänderung

Zweiter Hauptsatz der Wärmelehre

Wärme geht niemals von selbst von einem Körper mit niedrigerer Temperatur auf einen Körper mit höherer Temperatur über.

Körper aus einem Stoff können sich in verschiedenen Aggregatszuständen befinden.

Energie kann weder erzeugt noch vernichtet werden, sondern nur von einer Form in andere Formen umgewandelt werden.

4 Електричні явища

4.1 Електричні заряди та електрична схема

Електричний заряд тіла показує, наскільки великий його надлишок або недолік електронів.
Позначення: **q**
Одиниця: **один Кулон (1 Кл)**

Заряд тіла можна обчислити за формулою:

$$q = N \cdot e$$

N - кількість зарядів
e - елементарний заряд

Елементарний заряд дорівнює:

$$e = 1{,}602 \cdot 10^{-19} \text{ Кл}$$

Спрямований рух носіїв електричного заряду називається **електричним струмом.**

Замкнуте коло складається з джерела електрики та електричного пристрою або компонента, які з'єднані один з одним електричними кабелями.

Джерела електрики завжди мають **два полюси.**

При **постійному струмі** струм тече в одному напрямку.

При **змінному струмі** полярність джерела і, відповідно, напрямок струму в колі постійно змінюється.

Тіла, які добре проводять електричний струм, називаються **провідниками.**

Elektrizitätslehre

Elektrische Ladungen und Stromkreise

Die elektrische Ladung eines Körpers gibt an, wie groß sein Elektronenüberschuss oder Elektronenmangel ist.
Bezeichnung: **Q**
Einheit: **ein Coulomb (1 C)**

Die **Ladung** eines Körpers kann berechnet werden mit der Formel:

$$Q = N \cdot e$$

N - Anzahl der Ladungen
e - Elementarladung

Die **Elementarladung** ist gleich:

$$e = 1{,}602 \cdot 10^{-19} \text{ C}$$

Die gerichtete Bewegung elektrischer Ladungsträger nennt man **elektrischen Strom.**

Ein **geschlossener Stromkreis** besteht aus einer elektrischen Quelle und einem elektrischen Gerät oder Bauteil, die durch elektrische Leitungen miteinander verbunden sind.

Elektrische Quellen haben immer **zwei Pole**.

Bei **Gleichstrom** fließt der Strom in eine Richtung.

Bei **Wechselstrom** ändert sich ständig die Polung der Quelle und damit die Richtung des Stroms im Stromkreis.

Körper, die den elektrischen Strom gut leiten, nennt man **elektrische Leiter.**

Тіла, які погано або зовсім не проводять електричний струм, називаються електричними **діелектриками** або **ізоляторами**.

Körper, die den elektrischen Strom schlecht oder gar nicht leiten, nennt man **elektrische Nichtleiter** oder **Isolatoren**.

Види електричних схем

Arten von Stromkreisen

У додатках кілька компонентів з'єднані в електричні схеми. Компоненти (джерело, резистори, лампа та перемикач) можна з'єднувати послідовно або паралельно один одному.

Bei Anwendungen werden mehrere Bauteile im Stromkreis zusammengeschaltet. Bauteile (Quelle, Widerstände, Lampe und Schalter) können in die Reihen- oder Parallelschaltung zueinander geschaltet werden.

Електрична схема - це креслення, на якому умовними позначеннями показано, з яких елементів складається електричне коло і в який спосіб ці елементи з'єднані між собою.

Ein **elektrischer Schaltplan** ist eine Zeichnung, auf den Notationen zeigen, welche Elemente einen Stromkreis bilden und wie diese Elemente miteinander verbunden sind.

Бувають **послідовне з'єднання** і **паралельне з'єднання** компонентів.

Es gibt die **Reihenschaltung** und die **Parallelschaltung** von Bauteilen.

4.2 Коло постійного струму

Електричне коло показує, скільки **електричного заряду** щосекунди проходить через поперечний переріз електричного провідника.
Позначення: **I**
Одиниця: **один Ампер (1 А)**

Електричний струм вимірюють за допомогою **амперметрів**.

Якщо протікає електричний струм постійної сили, то **силу електричного струму** можна обчислити за формулою:

$$I = \frac{q}{t}$$

q - електричний заряд
t - час

Електрична напруга показує, наскільки сильний електричний струм.
Позначення: **U**
Одиниця: **один Вольт (1 В)**

Електричну напругу вимірюють за допомогою **вольтметра**.

Електричну напругу можна розрахувати за формулою:

$$U = \frac{A}{q}$$

A - робота в електричному полі
q - електричний заряд

1 В = 1 Дж / 1 Кл

У будь-якій області для переміщення зарядженого тіла потрібна робота.

Der Gleichstromkreis

Der elektrische Stromkreis gibt an, wie viel **elektrische Ladung** sich in jeder Sekunde durch den Querschnitt eines elektrischen Leiters bewegt.
Bezeichnung: **I**
Einheit: **ein Ampere (1 A)**

Die elektrische Stromstärke wird mithilfe von **Amperemetern** gemessen.

Unter der Bedingung, dass ein elektrischer Strom konstanter Stärke fließt, kann die **elektrische Stromstärke** mit folgender Formel berechnet werden:

$$I = \frac{Q}{t}$$

Q - elektrische Ladung
t - Zeit

Die **elektrische Spannung** gibt an, wie stark der Antrieb des elektrischen Stroms ist.
Bezeichnung: **U**
Einheit: **ein Volt (1 V)**

Die elektrische Spannung wird mithilfe von **Voltmeter** gemessen.

Die **elektrische Spannung** kann berechnet werden mit der Formel:

$$U = \frac{W}{Q}$$

W - Arbeit im elektrischen Feld
Q - elektrische Ladung

1 V = 1 J / 1 C

In jedem beliebigen Feld ist eine Arbeit erforderlich, um einen geladenen Körper zu verschieben.

Електричний опір компонента або пристрою вказує напругу, необхідну для електричного струму 1А.
Позначення: **R**
Одиниця: **один Ом (1 Ом)**

Der **elektrische Widerstand** eines Bauteils oder Geräts gibt an, welche Spannung für einen elektrischen Strom der Stärke 1A erforderlich ist.
Bezeichnung: **R**
Einheit: **ein Ohm (1 Ω)**

Електричний опір компонентів або пристроїв можна виміряти за допомогою **вимірювачів опору**.

Der elektrische Widerstand von Bauteilen oder Geräten kann mit **Widerstandsmessern** gemessen werden.

1 Ом = 1 В / 1 А

1 Ω = 1 V / 1 A

Електричний опір можна розрахувати за формулою:

Der **elektrische Widerstand** kann berechnet werden mit der Formel:

$$R = \frac{U}{I}$$

U - електрична напруга
I - електричний струм

U - elektrische Spannung
I - elektrische Stromstärke

Електричний опір металевого провідника можна обчислити за допомогою **закону опору**.

Der elektrische Widerstand eines metallischen Leiters kann mithilfe des **Widerstandsgesetzes** berechnet werden.

Закон Ома для ділянки кола

Ohmsches Gesetz für einen Kreisabschnitt

Сила струму на ділянці кола прямо пропорційна напрузі на кінцях цієї ділянки та обернено пропорційна електричному опору цієї ділянки кола.

Die Stromstärke im Kreisabschnitt ist direkt proportional Spannung an den Enden dieses Abschnitts und ist umgekehrt proportional zum elektrischen Widerstand dieses Abschnitts des Stromkreises.

Математичну формулу закону Ома записують в такому вигляді:

Die mathematische Schreibweise des Ohmschen Gesetzes ist die Formel:

$$I = \frac{U}{R}$$

R - опір ділянки кола - залежить тільки від властивостей провідників, що складають ділянку.

R ist der Widerstand des Kreisabschnitts - abhängig nur von den Eigenschaften der Leiter, aus denen der Abschnitt besteht.

Якщо температура провідника залишається постійною, то:

Unter der Bedingung, dass die Temperatur des Leiters konstant bleibt gilt:

$$R = \frac{\rho \cdot l}{A}$$

ρ - питомий опір речовини
l - довжина металевого провідника
A - площа поперечного перерізу провідника

ρ - spezifischer elektrischer Widerstand
l - Länge des metallischen Leiters
A - Querschnittsfläche des Leiters

Питомий опір речовини є константою матеріалу. Питомий електричний опір металевих провідників тим більший, чим вище їх температура.

Der **spezifische elektrische Widerstand** ist eine Stoffkonstante. Der spezifische elektrische Widerstand von metallischen Leitern ist umso größer, je hoher deren Temperatur ist.

Електрична енергія - це здатність електричного струму **виконувати механічну роботу**, виділяти тепло або випромінювати світло.
Позначення: **E**
Одиниця: **один Джоуль (1 Дж)**
         одна Ват-секунда (1 Вт·с)

Die **elektrische Energie** ist die Fähigkeit des elektrischen Stroms, **mechanische Arbeit zu verrichten,** Wärme abzugeben oder Licht auszusetzen.
Bezeichnung: **E**
Einheit: **ein Joule (1 J)**
        eine Wattsekunde (1 Ws)

Споживану електроенергію можна виміряти за допомогою **лічильника кіловат-годин.**

Die genutzte elektrische Energie kann mit einem **Kilowattstundenzähler** gemessen werden.

Електричну енергію, перетворену в колі, можна розрахувати за формулою:

Die in einem Stromkreis umgewandelte **elektrische Energie** kann berechnet werden mithilfe der Formel:

$$E = U \cdot I \cdot t$$

U - електрична напруга
I - сила електричного струму
t - час

U - elektrische Spannung
I - elektrische Stromstärke
t - Zeit

Коли електрична енергія перетворюється на інші види енергії, виконується **електрична робота**.

Bei der Umwandlung elektrischer Energie in andere Energieformen wird **elektrische Arbeit** verrichtet.

Електрична робота вказує, скільки електричної енергії в електриці перетворюється в інші форми енергії.

Die **elektrische Arbeit** gibt an, wie viel elektrische Energie des Stroms in andere Energieformen umgewandelt wird.

Позначення: **A**
Одиниця: **одна Ват-секунда (1 Вт·с)**

Електрична робота, виконана електричним струмом, дорівнює перетвореній електричній енергії

$$A = \Delta E = U \cdot I \cdot t$$

Для практичних цілей електричну роботу виражають у кіловат-годинах (кВт·год).

$$1 \text{ кВт·год} = 3{,}6 \cdot 10^6 \text{ Вт·с}$$

Електрична потужність показує, яку електричну роботу виконує електричний струм щосекунди або скільки електричної енергії перетворюється в інші форми енергії.
Позначення: **P**
Одиниця: **один Ват (1 Вт)**

Електричну потужність пристрою можна виміряти за допомогою **вимірювача потужності.**

Електричну потужність пристрою або компонента в схемі можна розрахувати за формулою:

$$P = \frac{A}{t}$$

A - електрична робота
t - час

Якщо напруга і струм в колі константа, **електричну потужність** можна розрахувати за формулою:

$$P = \frac{A}{t} = \frac{U \cdot I \cdot t}{t} = U \cdot I$$

Bezeichnung: **W**
Einheit: **eine Wattsekunde (1 Ws)**

Die vom elektrischen Strom verrichtete elektrische Arbeit ist gleich der umgewandelten elektrischen Energie

$$W = \Delta E = U \cdot I \cdot t$$

Für praktische Zwecke wird die elektrische Arbeit in der Einheit Kilowattstunde (kWh) angegeben.

$$1 \text{ kWh} = 3{,}6 \cdot 10^6 \text{ Ws}$$

Die **elektrische Leistung** gibt an, wie viel elektrische Arbeit der elektrische Strom in jeder Sekunde verrichtet bzw. wie viel elektrische Energie in andere Energieformen umgewandelt wird.
Bezeichnung: **P**
Einheit: **ein Watt (1 W)**

Die **elektrische Leistung** eines Gerätes kann mit einem **Leistungsmesser** gemessen werden.

Die **elektrische Leistung** eines Geräts oder Bauteils in einem Stromkreis kann mit der Formel berechnet werden:

$$P = \frac{W}{t}$$

W - elektrische Arbeit
t - Zeit

Unter der Bedingung, dass die Spannung und die Stromstärke im Stromkreis konstant sind, kann die **elektrische Leistung** berechnet werden mit der Formel:

$$P = \frac{W}{t} = \frac{U \cdot I \cdot t}{t} = U \cdot I$$

U - електрична напруга
I - електричний струм

U - elektrische Spannung
I - elektrische Stromstärke

Закон Джоуля-Ленца

Joule-Lenz-Gesetz

Кількість теплоти, яка виділяється в провіднику внаслідок проходження струму, прямо пропорційна квадрату сили струму, опору провідника й часу проходження струму.

Die Wärmemenge, die im Leiter durch den Stromdurchgang freigesetzt wird, ist direkt proportional zum Quadrat der Stromstärke, dem Widerstand des Leiters und der aktuellen Fließzeit.

$$Q = I^2 \cdot R \cdot t$$

Електричні кола складаються з кількох компонентів, з'єднаних один з одним **послідовно** або **паралельно.**

Die elektrischen Stromkreise bestehen aus mehreren Bauteilen, die durch **Reihen- oder Parallelschaltung** miteinander verbunden sind.

Послідовне з'єднання

Reihenschaltung

Коли **n окремих резисторів з'єднані послідовно, загальна напруга** є сумою **n** часткових напруг.

Bei **Reihenschaltung von n Einzelwiderständen** ist die **Gesamtspannung** die Summe den **n** Teilspannungen.

$$U = U_1 + U_2 + U_3 + \ldots + U_n$$

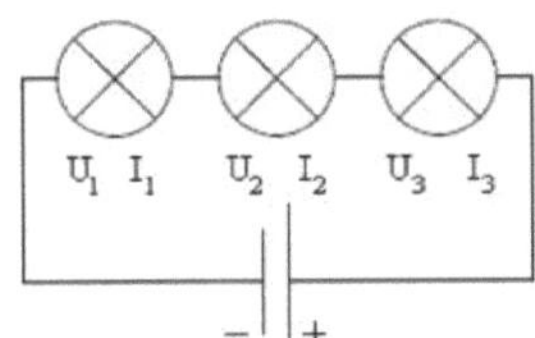

Загальний опір є сумою окремих опорів.

Der **Gesamtwiderstand** ist die Summe aus den Einzelwiderständen.

$$R = R_1 + R_2 + R_3 + \ldots + R_n$$

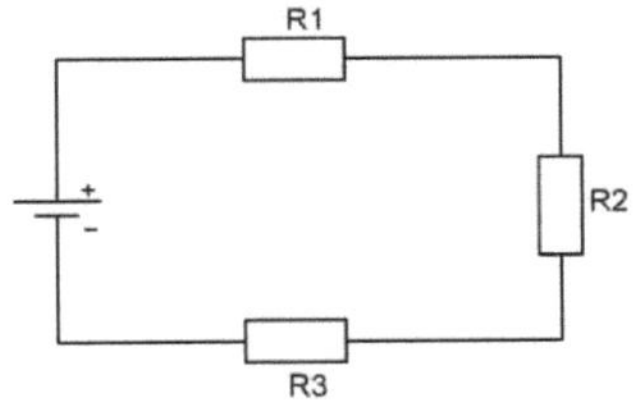

Загальна сила струму   **Die Gesamtstromstärke**

$$I = I_1 = I_2 = I_3 = \ldots = I_n$$

і **напруги на кінцях** резисторів поводяться як відповідні резистори.

und die **Spannungen an den Enden** der Widerstände verhalten sich wie die zugehörigen Widerstände.

$$U_1 : U_2 : U_3 : \ldots : U_n = R_1 : R_2 : R_3 : \ldots : R_n$$

Паралельне підключення   **Parallelschaltung**

Перевага паралельного підключення полягає в тому, що при несправності пристрою не розривається все електричне коло.

Der Vorteil der Parallelschaltung besteht darin, dass bei einem defekten Gerät nicht der gesamte Stromkreis unterbrochen ist.

Коли **n** окремих резисторів з'єднані **паралельно, загальний струм** є сумою часткових струмів

Bei **Parallelschaltung** von **n** Einzelwiderständen ist die **Gesamtstromstärke** die Summe aus den Teilstromstärken.

$$I = I_1 + I_2 + I_3 + \ldots + I_n$$

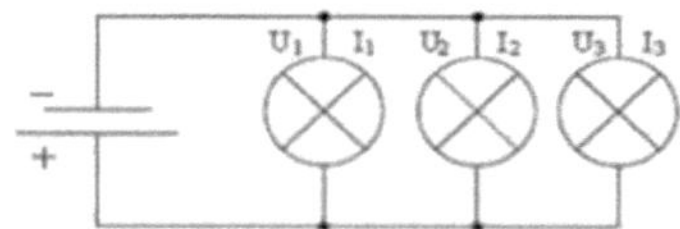

Загальна напруга в кожній гілці однакова.

In jedem Zweig ist die **Gesamtspannung** gleich groß.

$$U = U_1 = U_2 = U_3 = \ldots = U_n$$

Сили струму на кінцях резисторів поводяться як **зворотні величини** відповідних резисторів

Die **Stromstärken** an den Enden der Widerstände verhalten sich wie die Kehrwerte der entsprechenden Widerstände.

$$I_1 : I_2 : I_3 : \ldots : I_n = 1/R_1 : 1/R_2 : 1/R_3 : \ldots : 1/R_n$$

Зворотна величина **повного опору** R відповідає сумі зворотних величин часткових опорів.

Der Kehrwert des **Gesamtwiderstandes** R entspricht der Summe der Kehrwerte aus den Teilwiderständen.

$$1/ R = 1/ R_1 + 1/ R_2 + 1/ R_3 + ... + 1/ R_n$$

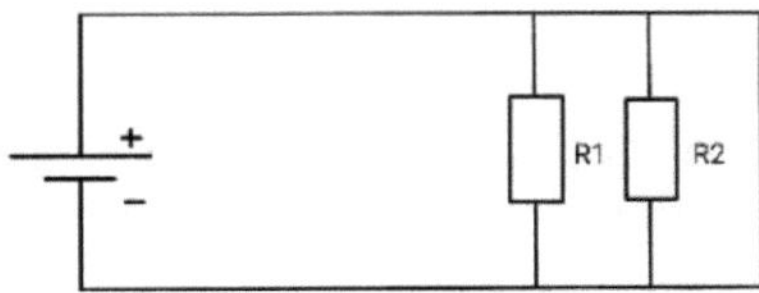

4.3 Електричні та магнітні поля

Elektrische und magnetische Felder

Електричне поле - це стан простору навколо електрично зарядженого тіла, в якому сили діють на інші електрично заряджені тіла.

Ein **elektrisches Feld** ist der Zustand des Raums um einen elektrisch geladenen Körper, in dem auf andere elektrisch geladene Körper Kräfte ausgeübt werden.

Електричне поле існує у просторі навколо електрично заряджених тіл.

Ein elektrisches Feld existiert im Raum um elektrische geladene Körper.

Електричні поля можна представити за допомогою зображень **ліній поля**.

Elektrische Felder können mithilfe von **Feldlinienbildern** dargestellt werden.

Для зображення лінії поля діє наступне: чим більше число силових ліній в області поля, тим сильніше сила, що діє там на заряд-жене тіло.

Für das Feldlinienbild gilt: je größer die Anzahl der Feldlinien im Gebiet des Felds ist, desto stärker ist dort die wirkende Kraft auf einen geladenen Körper.

Напрям силових ліній поля вказує на напрямок сили, що діє на заряджене тіло.

Die Richtung der Feldlinien gibt die Richtung der wirkenden Kraft auf einen geladenen Körper an.

Напруженість електричного поля E в точці вказує, наскільки велика сила **Q**, що діє на пробний заряд у цій точці поля:

Die elektrische **Feldstärke E** an einem Punkt gibt an, wie groß die Kraft **Q** auf eine Probeladung in diesem Punkt des Felds ist:

$$E = \frac{F}{Q}$$

Одиниця: **один Ньютон на Кулон (1 N/Кл)**

Einheit: **ein Newton je Coulomb (1 N/C)**

Конденсатор	**Kondensator**

Конденсатор - це накопичувач електричного заряду.

Ein **Kondensator** ist ein Speicher für elektrische Ladung.

Електричне поле пластинчастого конденсатора:

Elektrisches Feld eines Plattenkondensators:

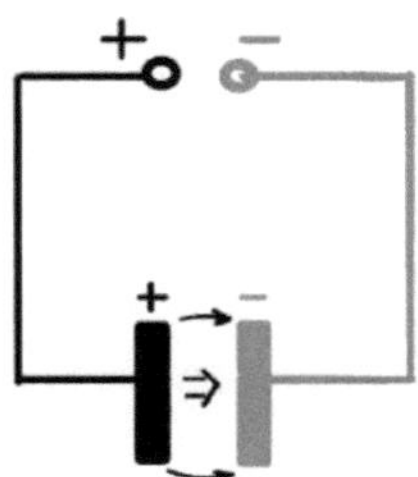

Схематичне позначення конденсатора:

Schaltzeichen eines Kondensators:

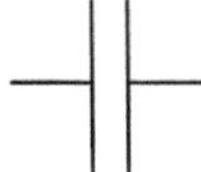

Ємність конденсатора показує, який електричний заряд конденсатор може зберігати при напрузі 1 В.
Позначення: **C**
Одиниці: **один Фарад (1 Ф)**
        один Кулон на Вольт
        (1 Кл/В)

Die **Kapazität** eines Kondensators gibt an, wie viel elektrische Ladung der Kondensator bei einer Spannung 1V speichern kann.
Bezeichnung: **C**
Einheiten: **ein Farad (1 F)**
        ein Coulomb pro Volt
        (1 C/V)

Відношення заряду до напруги є ємністю конденсатора.

Das **Verhältnis** von Ladung und Spannung ist die Kapazität des Kondensators.

Ємність конденсатора можна розрахувати за формулою:

Die **Kapazität** eines Kondensators kann mit Formel berechnet werden:

$$C = Q / U$$

Q - електричний заряд
U - електрична напруга

Q - elektrische Ladung
U - elektrische Spannung

Ємність конденсатора залежить від його конструкції.

Die Kapazität eines Kondensators ist von seinem Bau abhängig.

Ємність **пластинчастого конденсатора** можна розрахувати за формулою:

Die Kapazität eines **Plattenkondensators** kann mit Formel berechnet werden:

$$C = e_o \cdot e_r \cdot A / d$$

A - площа пластини
d - відстань між пластинами
e_o - постійна електричного поля
e_r - діелектрична проникність

A - Flächeninhalt einer Plate
d - Abstand der Platen
e_o - elektrische Feldkonstante
e_r - Dielektrizitätszahl

Скільки заряду зберігає конденсатор, залежить від напруги на конденсаторі.

Wieviel Ladung ein Kondensator speichert, ist abhängig von der anliegenden Spannung am Kondensator.

Послідовне з'єднання

Reihenschaltung

При послідовному з'єднанні **n конденсаторів сумарна ємність** дорівнює:

Bei Reihenschaltung von **n Kondensatoren** ist die **Gesamtkapazität** gleich:

$$1 / C = 1 / C_1 + 1 / C_2 + \ldots + 1 / C_n$$

Загальна напруга - це сума окремих напруг.

Die **Gesamtspannung** ist die Summe aus den Einzelspannungen.

$$U = U_1 + U_2 + \ldots + U_n$$

Загальне навантаження

Die **Gesamtladung**

$$Q = Q_1 = Q_2 = \ldots = Q_n$$

Паралельне підключення

Parallelschaltung

При паралельному з'єднанні n конденсаторів загальна напруга дорівнює:

Bei Parallelschaltung von n Kondensatoren ist die Gesamtkapazität gleich:

$$C = C_1 + C_2 + \ldots + C_n$$

Загальна напруга	Die **Gesamtspannung**

$$U = U_1 = U_2 = \ldots = U_n$$

Загальне навантаження	Die **Gesamtladung**

$$Q = Q_1 + Q_2 + \ldots + Q_n$$

Магнітні поля	**Magnetische Felder**

Магнітне поле - це стан простору навколо магнітів, у якому сили діють на інші магніти або тіла.

Ein magnetisches Feld ist der Zustand des Raums um Magnete, in dem auf andere Magnete oder Körper Kräfte ausgeübt werden.

Магнітне поле існує у просторі навколо магнітів і провідників, по яких тече струм.

Ein magnetisches Feld existiert im Raum um Magnete und stromdurchflossene Leiter.

Магніти - це тіла, які притягують інші тіла із заліза, нікелю або кобальту.

Magnete sind Körper, die andere Körper aus Eisen, Nickel oder Cobalt anziehen.

Тіла, які притягуються до магнітів, самі можуть намагнічуватися.

Körper, die von Magneten angezogen werden, sind auch selbst magnetisierbar.

Кожен магніт має два полюси, **північний полюс** і **південний полюс**.

Jeder Magnet hat zwei Pole, den **Nordpol** und den **Südpol.**

Однойменні магнітні полюси відштовхуються один від одного.

Gleichnamige Magnetpole stoßen sich ab.

Різнойменні магнітні притягуються один до одного.

Ungleichnamige Magnetpole **ziehen sich an.**

Магнітні поля можна зобразити за допомогою зображень ліній поля.

Magnetische Felder können mithilfe von Feldlinienbildern dargestellt werden.

Напруженість магнітного поля в точці вказує, наскільки велика сила, що діє на магнітний об'єкт у цій точці поля.

Die magnetische Feldstärke in einem Punkt gibt an wie groß die Kraft auf einen magnetischen Probekörper in diesem Punkt des Felds ist.

Магнітне поле має **магнітну енергію.**

Ein magnetisches Feld besitzt **magnetische Energie.**

Магнітні поля існують навколо провідників зі струмом і котушок зі струмом.

Um stromdurchflossene Leiter und stromdurchflossene Spulen existieren **Magnetfelder.**

На провідник зі струмом у магнітному полі діє **сила**. Ця сила діє перпендикулярно струму і перпендикулярно напрямку магнітного поля. Ця сила називається **силою Лоренца.**

Auf einen Stromdurchflossenen Leiter wirkt in einem Magnetfeld eine **Kraft**. Diese Kraft wirkt senkrecht zum Stromfluss und senkrecht zur Richtung des magnetischen Felds. Diese Kraft bezeichnet man als **Lorenzkraft**.

Для визначення напрямку сили використовується **правило правої руки**.

Zur Ermittlung der Richtung der Kraft benutzt man die **Rechte-Hand-Regel**.

Сила тим більша,
- чим більша сила електричного струму
- чим довший електричний провідник
- тим сильніше магнітне поле

Die Kraft ist umso größer,
- je größer die elektrische Stromstärke ist
- je länger der elektrische Leiter ist
- je stärker das magnetische Feld ist

Електричний двигун

Der Elektromotor

Важливим прикладом застосування сили на провідник зі струмом у магнітному полі є електродвигун.

Eine wichtige Anwendung der Kraft auf einen stromdurchflossenen Leiter im Magnetfeld ist der Elektromotor.

Електродвигун перетворює електричну енергію на механічну, яка використовується для виконання механічної роботи**.**

Der Elektromotor dient zur Umwandlung von elektrischer Energie in mechanische Energie, mit der mechanische Arbeit verrichtet wird.

Електромагніт, який встановлений у магнітному полі та може обертатися, називається **якорем**.

In einem magnetischen Feld ist ein Elektromagnet drehbar gelagert und wird **Anker** genannt.

Потік струму в якорі перетворює його на магніт, і між магнітом поля та якорем виникають сили.

Durch den Stromfluss im Anker wird dieser zum Magneten, und es treten Kräfte zwischen Feldmagneten und Anker auf.

Ці сили призводять до обертального руху.

Diese Kräfte führen zu einer Drehbewegung.

Для отримання потужних електродвигунів в якості магнітів поля використовують електромагніти.

Um leistungsstarke Elektromotoren zu erhalten werden Elektromagnete als Feldmagnete genutzt.

Якір підключається до джерела постійної напруги з використанням **вугільних щіток** для ковзного контакту.

Über **Kohlebürsten** als Schleifkontakte wird der Anker an eine Gleichspannung angeschlossen.

Ротор (якір)

Статор (магніт)

Комутатор

Вугільні щітки

Термінал підключення

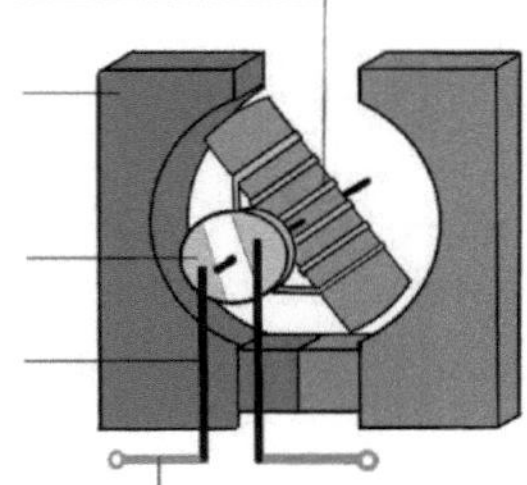

Rotor (Anker)

Stator (Magnet)

Kommutator

Kohlebürsten

Anschlussklemme

Одне і те ж джерело напруги можна використовувати для котушок якоря і магніту поля. Залежно від того, як підключено котушки, ви отримуєте **шунтовий двигун**, **основний** або **послідовний** двигун.

Für die Spulen des Ankers und des Feldmagneten kann man dieselbe Spannungsquelle benutzen. Je nachdem wie die Spüle geschaltet sind, erhält man einen **Nebenschlussmotor** oder **Haupt-** bzw. **Reihenschlussmotor**.

На рухомі носії заряду в магнітному полі діє сила - **сила Лоренца**.

Auf bewegte Ladungsträger wirkt in einem Magnetfeld eine Kraft - die **Lorenzkraft**.

Коли провідник рухається в магнітному полі таким чином, у провіднику виникає струм. Між кінцями провідника створюється напруга, яка називається **індукційна напруга**.

Bei einer solchen Bewegung des Leiters im Magnetfeld entsteht im Leiter ein Stromfluss. Zwischen den Enden des Leiters entsteht eine Spannung, die **Induktionsspannung** genannt wird.

Закон індукції

Напруга з'являється в котушці до тих пір, поки змінюється магнітне поле, охоплене котушкою.

Induktionsgesetz

In einer Spule wird eine Spannung induziert, solange sich das von der Spule umfasste Magnetfeld ändert.

Напруга індукції тим більша,
- чим більша зміна магнітного поля
- чим швидше змінюється магнітне поле

Die **Induktionsspannung** ist umso größer,
- je größer die Änderung des Magnetfeldes ist
- je schneller die Änderung des Magnetfeldes ist

Генератор

Генератор використовується для перетворення механічної енергії в електричну. Під час обертального руху здійснюється механічна робота, яка перетворюється в електричну енергію.

Розрізняють **генератори змінного струму** та **генератори постійного струму.**

У **генераторі змінного струму** кінетична енергія перетворюється в електричну.

В генераторах змінного струму використовується електромагнітна індукція та закон індукції Фарадея.

Der Generator

Der Generator dient der Umwandlung von mechanischer Energie in elektrische Energie. Dabei wird bei einer Drehbewegung mechanische Arbeit verrichtet und in elektrische Energie umgewandelt.

Man unterscheidet **Wechselstromgeneratoren** und **Gleichstromgeneratoren.**

Beim **Wechselstromgenerator** wird kinetische Energie in elektrische Energie umgewandelt.

In Wechselstromgeneratoren werden die elektromagnetische Induktion und das faradaysche Induktionsgesetz genutzt.

Індукційна котушка
(Статор)

Ротор

Ведучий міст
Постійний струм для
магнітного поля

Змінна напруга

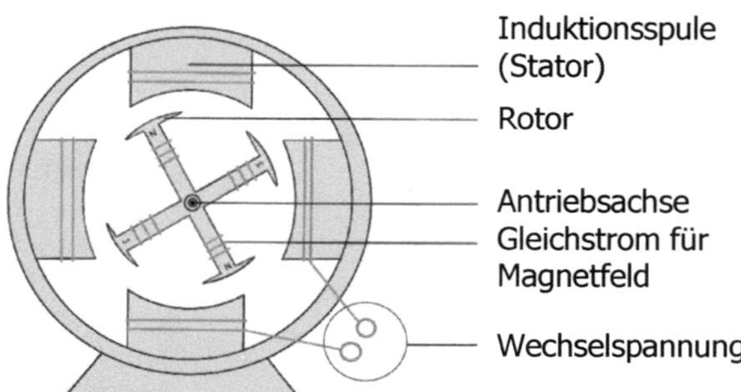

Induktionsspule
(Stator)

Rotor

Antriebsachse
Gleichstrom für
Magnetfeld

Wechselspannung

Генератори постійного струму зазвичай будуються як зовнішні полюсні машини. Контактні кільця складаються з двох півкілець.

Gleichstromgeneratoren werden in der Regel als Außenpolmaschinen gebaut. Die Schleifringe bestehen aus zwei Halbringen.

Трансформатор

Трансформатор використовується для передачі магнітної енергії між двома котушками.

Він складається з двох котушок (первинної і вторинної) з числом витків на обмотках N_1 і N_2, які розташовані на замкнутому **залізному** сердечнику.

Der Transformator

Ein Transformator dient dazu, die magnetische Energie zwischen zwei Spulen zu transportieren.

Er besteht aus zwei Spulen (Primär und Sekundarspule) mit Windungszahlen N_1 und N_2, die sich auf einem geschlossenen **Eisenkern** befinden.

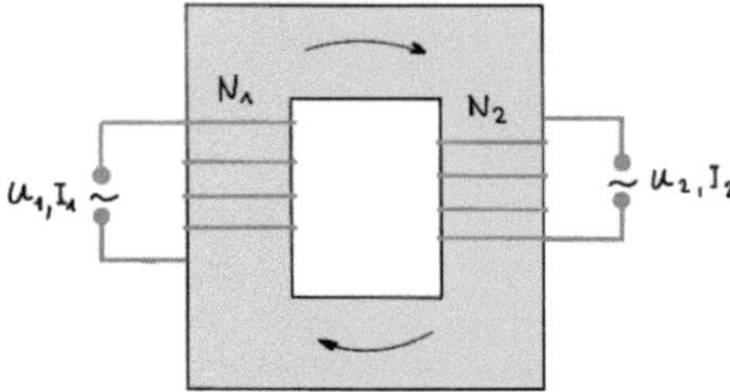

На первинну котушку подається змінна напруга, яка постійно створює на котушці мінливе магнітне поле на котушці.

An die Primärspule wird eine Wechselspannung angelegt, die an der Spule ein ständig wechselndes Magnetfeld erzeugt.

Змінне магнітне поле передається на вторинну котушку через закритий залізний сердечник.

Über den geschlossenen Eisenkern wird das magnetische Wechselfeld in die Sekundärspule übertragen.

Розрізняють ненавантажені та навантажені трансформатори, а також ідеальні та реальні трансформатори.

Man unterscheidet unbelastete und belastete Transformatoren sowie ideale und reale Transformatoren.

В **ідеальному** трансформаторі електрична енергія не перетворюється в інший вид енергії.

Bei einem **idealen** Transformator wird keine elektrische Energie in eine andere Energieform umgewandelt.

В **реальному** трансформаторі невелика частина електричної енергії перетворюється на теплову.

Bei einem **realen** Transformator wird ein kleiner Teil der elektrischen Energie in thermische Energie umgewandelt.

Для **ненавантаженого** ідеального трансформатора діє **закон перетворення напруги:**

Für einen **unbelasteten** idealen Transformator gilt das **Gesetz für Spannungsübersetzung:**

$$U_1/U_2 = N_1/N_2$$

U_1, U_2 - напруги
N_1, N_2 - кількість витків

U_1, U_2 - Spannungen
N_1, N_2 – Windungszahlen

Для ідеального трансформатора, який сильно **навантажений,** застосовується **закон для співвідношення струмів:**

Für einen stark **belasteten** idealen Transformator gilt das **Gesetz für die Stromstärkeübersetzung:**

$$I_1/I_2 = N_2/N_1$$

I_1, I_2 - сили струму
N_1, N_2 - кількість витків

I_1, I_2 - Stromstärken
N_1, N_2 – Windungszahlen

Під час проходження струму кожен електричний провідник оточений магнітним полем. Магнітне поле особливо сильне, коли провідник намотаний у вигляді котушки і містить залізний сердечник.

Jeder elektrische Leiter ist bei Stromfluss von einem Magnetfeld umgeben. Besonders stark ist das magnetische Feld, wenn ein Leiter als Spule aufgewickelt ist und einen Eisenkern enthalt.

Таку котушку зі струмом із залізним сердечником ще називають **електромагнітом.**

Man nennt eine solche stromdurchflossene Spule mit Eisenkern auch **Elektromagnet.**

4.4 Електромагнітні коливання і хвилі

У колі змінного струму полярність, напрямок і величина напруги і струму періодично змінюються з **частотою.**

Електромагнітні коливання виникають у **коливальному контурі**, послідовному з'єднанні, що складається з конденсатора і котушки.

Періодичні зміни електричного поля конденсатора і магнітного поля котушки є формами **електромагнітних коливань.**

Електрична енергія поля конденсатора постійно перетворюється в **магнітну енергію** поля котушки і навпаки.

Частота f і період T електромагнітних коливань описуються за допомогою **рівняння коливань Томсона.**

За умови, що омічним опором котушки можна знехтувати, застосовується наступна формула:

Elektromagnetische Schwingungen und Wellen

In einem Wechselstromkreis ändern sich die Polung, die Richtung und der Betrag der Spannung und der Stromstärke zeitlich periodisch mit der **Frequenz.**

Elektromagnetische Schwingungen entstehen in einem **Schwingkreis**, einer Reihenschaltung aus Kondensator und Spule.

Zeitlich periodische Änderung des elektrischen Felds des Kondensators und des magnetischen Felds einer Spule sind Formen **elektromagnetischer Schwingungen**.

Es wird ständig die **elektrische Energie** des Felds des Kondensators in **magnetische Energie des Felds** der Spule umgewandelt und umgekehrt.

Die **Frequenz f** und die **Periodendauer T** der elektromagnetischen Schwingungen wird mit der **Thomsonschen Schwingungsgleichung** beschrieben.

Unter der Bedingung, dass der ohmsche Widerstand der Spule vernachlässigt werden kann, gilt:

$$T = 2\pi\sqrt{LC}$$
$$f = 1/T$$

L - індуктивність котушки
C - ємність конденсатора

L - Induktivität der Spule
C - Kapazität des Kondensators

Електромагнітні хвилі зазвичай мають **частоту** та **довжину хвилі.**

Elektromagnetische Wellen besitzen allgemein eine **Frequenz** und eine **Wellenlänge.**

Електромагнітна хвиля - це **поширення** електромагнітних коливань у просторі.

Eine elektromagnetische Welle ist die **Ausbreitung** einer elektromagnetischen Schwingung im Raum.

Період коливань залежить лише від індуктивності **L** котушки та ємності **C** конденсатора.

Електромагнітні хвилі, як і світло, поширюються зі **швидкістю світла c**.

До **швидкості поширення** електромагнітних хвиль відноситься:

Die **Schwingungsdauer** hängt nur von der Induktivität **L** der Spule und der Kapazität **C** des Kondensators ab.

Elektromagnetische Wellen breiten sich wie Licht mit der **Lichtgeschwindigkeit c** aus.

Für die **Ausbreitungsgeschwindigkeit** elektromagnetischer Wellen gilt:

$$c = \lambda \cdot f$$

c = 300000 км/с - швидкість світла
λ - довжина хвилі
f - частота

c = 300000km/s - Lichtgeschwindigkeit
λ - Wellenlänge
f - Frequenz

Через ізолятори можуть **проникати** електромагнітні хвилі, тоді як металеві провідники їх **екранують**.

Isolatoren können von elektromagnetischen Wellen **durchdrungen** werden, während metallische Leiter diese **abschirmen**.

5 Оптика

5.1 Джерела світла та поширення світла

Джерела світла або самосвітні тіла - це тіла, які самі генерують світло.

Тіла, які самі не генерують світло, а лише відбивають падаюче світло, називаються **освітленими тілами.**

Світло поширюється від джерела світла по прямій лінії та в усіх напрямках. Шлях світла представляють **світловими променями.**

Швидкість, з якою поширюється світло, називається **швидкістю світла.**

У **вакуумі** швидкість світла дорівнює: **c = 299792,458 км/с**

Ця швидкість є **природною константою,** і в усіх речовинах, включаючи повітря, швидкість світла менша, ніж у вакуумі.

Коли світло потрапляє на тіло, частина його **пропускається,** частина **поглинається** (проковтується) і розсіюється, а частина **відбивається** (відкидається назад).

Скільки світла пропускає напівпрозоре тіло, залежить від товщини шару та матеріалу, з якого зроблено тіло.

Тіла з **яскравою гладкою** поверхнею **відбивають** багато світла і мало поглинають.

Optik

Lichtquellen und Lichtausbreitung

Körper, die selbst Licht erzeugen, nennt man **Lichtquellen** oder selbst leuchtende Körper.

Körper, die nicht selbst Licht erzeugen, sondern nur auftreffendes Licht reflektieren, nennt man **beleuchtete Körper.**

Licht breitet sich von einer Lichtquelle geradlinig und nach allen Seiten aus. Der Weg des Lichts wird durch **Lichtstrahlen** dargestellt.

Die Geschwindigkeit, mit der sich Licht ausbreitet, wird als **Lichtgeschwindigkeit** bezeichnet.

In **Vakuum** beträgt die Lichtgeschwindigkeit: **c = 299792,458 km/s**

Diese Geschwindigke t ist eine **Naturkonstante** und in allen Stoffen, auch in Luft, ist die Lichtgeschwindigkeit kleiner als im Vakuum.

Wenn Licht auf einen Körper trifft, so wird es zum Teil **hindurchgelassen,** zum Teil **absorbiert** (verschluckt) und gestreut und zum Teil **reflektiert** (zurückgeworfen).

Wie viel Licht von einem lichtdurchlässigen Körper hindurchgelassen wird, hängt ab von der Schichtdicke und vom Stoff, aus dem der Körper besteht.

Körper mit **heller, glatter** Oberfläche **reflektieren** viel Licht und absorbieren wenig Licht.

Тіла з **темною шорсткою** поверхнею **поглинають** багато світла і мало відбивають.

Körper mit **dunkler, rauer** Oberfläche **absorbieren** viel Licht und reflektieren wenig Licht.

Від непрозорих тіл при їх освітленні утворюються **тіні**. При великих джерелах світла з'являється **ядро** і **півтінь**.

Hinter beleuchteten lichtundurchlässigen Körpern bilden sich **Schatten**. Bei ausgedehnten Lichtquellen treten **Kern-** und **Halbschatten** aus.

Повна тінь - це область простору, в яку не потрапляє світло від джерела.

Ein **vollständiger Schatten** ist ein Raumbereich, in den kein Licht von einer Quelle fällt.

Півтінь - це область простору, освітлена деякими з наявних точкових джерел світла або частиною протяжного джерела.

Ein **Halbschatten** ist ein Raumbereich, der von einigen der verfügbaren Punktlichtquellen oder einem Teil einer ausgedehnten Quelle beleuchtet wird.

Затемнення відбувається тільки тоді, коли Сонце, Земля і Місяць знаходяться приблизно на одній лінії.

Eine **Finsternis** entsteht nur dann, wenn Sonne, Erde und Mond näherungsweise in einer Linie stehen.

Під час **сонячного** затемнення частина поверхні Землі знаходиться в тіні Місяця.

Bei einer **Sonnenfinsternis** befindet sich ein Teil der Erdoberfläche im Mondschatten.

Під час **місячного** затемнення Місяць частково або повністю знаходиться в тіні Землі.

Bei einer **Mondfinsternis** befindet sich der Mond teilweise oder ganz im Schatten der Erde.

5.2 Відбивання світла

Закон відображення

Коли світло відбивається від поверхні, **кут падіння α** дорівнює **куту відбивання α¹**:

Reflexion des Lichts

Das Reflexionsgesetz

Wenn Licht in einer Fläche reflektiert wird, so ist der **Einfallswinkel α** gleich dem **Reflexionswinkel α¹**:

$$\alpha = \alpha^1$$

Падаючий промінь, перпендикуляр падіння і відбитий промінь лежать в одній площині.

Dabei liegen einfallender Strahl, Einfallslot und reflektierter Strahl in einer Ebene.

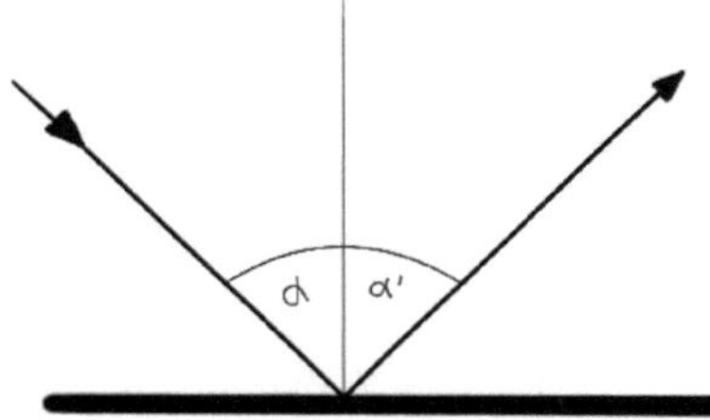

Відображення на кривих дзеркалах

Залежно від форми дзеркала і напрямку падаючого світла розрізняють наступні типи дзеркал:
- **параболічне увігнуте дзеркало**
- **сферичне увігнуте дзеркало**
- **сферичне опукле дзеркало**

Увігнуті дзеркала і опукле дзеркала суттєво відрізняються за шляхом променів світла.

В **увігнутому дзеркалі** паралельне світло після відбиття спочатку концентрується в одній точці (**фокусі**).

В **опуклому дзеркалі** паралельне світло не концентрується в одній точці, а утворює розбіжний світловий конус.

Reflexion an gekrümmten Spiegeln

Je nach Form des Spiegels und der Richtung des einfallenden Lichts unterscheidet man verschiedene Arten von Spiegeln:
- **parabolischer Hohlspiegel**
- **kugelförmiger Hohlspiegel**
- **kugelförmiger Wölbspiegel**

Hohlspiegel und Wölbspiegel unterscheiden sich wesentlich im Strahlenverlauf des Lichts.

Beim **Hohlspiegel** wird paralleles Licht nach der Reflexion zunächst in einem Punkt (**Brennpunkt**) konzentriert.

Beim **Wölbspiegel** wird paralleles Licht in **keinem** Punkt konzentriert, sondern bildet einen divergenten Lichtkegel.

Якщо **предмет** знаходиться **за межами подвійної фокусної відстані** увігнутого дзеркала, то зображення зменшене, перевернуте і дійсне.

Wenn sich der **Gegenstand außerhalb der doppelten Brennweite** eines Hohlspiegels befindet, dann ist das Bild verkleinert, umgekehrt und reell.

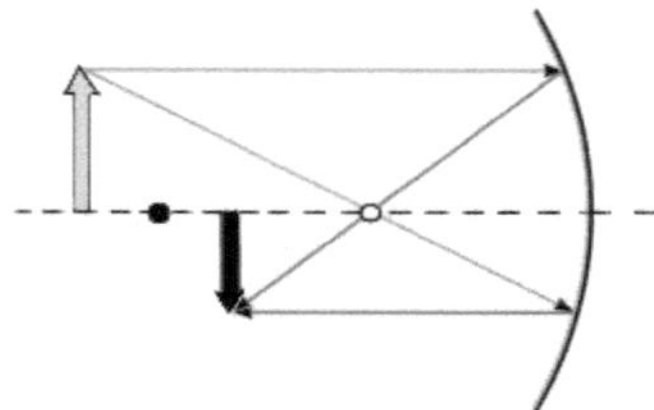

Якщо **предмет** розташований **на подвійній фокусній відстані** увігнутого дзеркала, то зображення буде рівне, перевернуте і дійсне.

Wenn sich der **Gegenstand in der doppelten Brennweite** eines Hohlspiegels befindet, dann ist das Bild gleich groß, umgekehrt und reell.

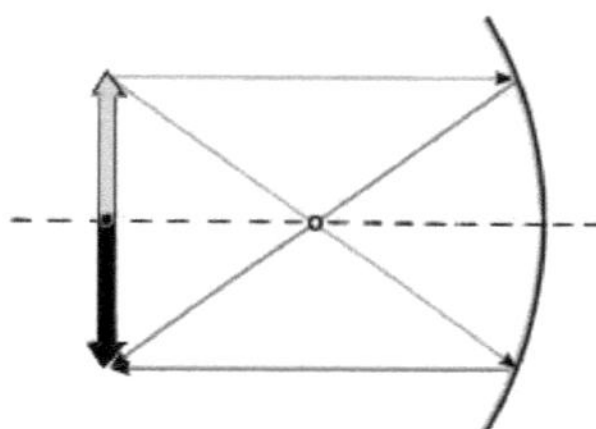

Якщо **предмет** знаходиться **між одинарною та подвійною фокусною відстанню** увігнутого дзеркала, то зображення буде збільшеним, перевернутим і дійсним.

Wenn sich der **Gegenstand zwischen einfacher und doppelter Brennweite** eines Hohlspiegels befindet, dann ist das Bild vergrößert, umgekehrt und reell.

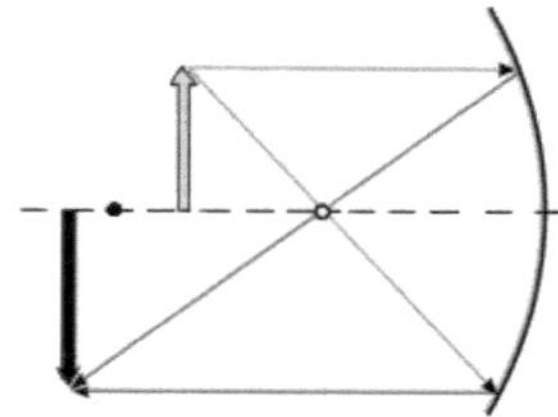

Якщо **предмет** розташований **на одинарній фокусної відстані** увігнутого дзеркала, то зображення не буде різким, відбиті промені йдуть паралельно.

Якщо **предмет** знаходиться **в межах одинарною фокусною відстанню** увігнутого дзеркала, то зображення буде збільшеним, вертикальним, правильним збоку і віртуальним.

Wenn sich der **Gegenstand in der einfachen Brennweite** eines Hohlspiegels befindet, dann ist das Bild nicht scharf, reflektierte Strahlen verlaufen parallel.

Wenn sich der **Gegenstand innerhalb der einfachen Brennweite** eines Hohlspiegels befindet, dann ist das Bild vergrößert, aufrecht, seitenrichtig und virtuell.

5.3 Заломлення світла

Зазвичай світло прямолінійно поширюється в повітрі, склі або воді.

Заломлення світла - це зміна напрямку його поширення при його переході через межу розділу двох напівпрозорих речовин.

Закон заломлення світла

Коли світло переходить з повітря в скло або воду, воно **заломлюється** на межі розділу зі схилом.

Кут заломлення β менший від **кута падіння α**.

Brechung des Lichts

Licht breitet sich in Luft, Glas oder Wasser in der Regel geradlinig aus.

Als **Brechung** des Lichts bezeichnet man die Änderung seiner Ausbreitungsrichtung an der Grenzfläche zweier lichtdurchlässiger Stoffe.

Das Brechungsgesetz

Wenn Licht von Luft zu Glas oder Wasser übergeht, wird es an der Grenzfläche zum Lot hin **gebrochen.**

Der **Brechungswinkel β** ist kleiner als der **Einfallswinkel α.**

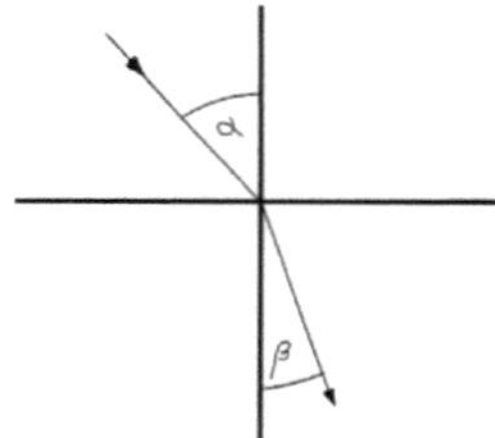

Коли світло переходить зі скла або води в повітря, воно заломлюється від припою на межі розділу.

Кут заломлення β більший за кут падіння α.

Для будь-яких двох напівпрозорих речовин **закон заломлення**, як правило, застосовується в такому вигляді.

Якщо світло переходить від напівпрозорої речовини в іншу напівпрозору речовину на межі розділу, то **кут падіння α** та **кут заломлення β** дорівнюють:

Wenn Licht von Glas oder Wasser zu Luft übergeht, wird es an der Grenzfläche vom Lot weggebrochen.

Der Brechungswinkel β ist größer als der Einfallwinkel α.

Für zwei beliebige lichtdurchlässige Stoffe gilt das **Brechungsgesetz** allgemein in folgender Form.

Wenn Licht an einer Grenzfläche von einem lichtdurchlässigen Stoff in einen anderen lichtdurchlässigen Stoff übergeht, so gilt für den **Einfallswinkel α** und den **Brechungswinkel β:**

$$\sin \alpha \, / \sin \beta = c_1 / c_2 = n$$

c_1, c_2 - швидкості світла в
речовинах 1 і 2
n - показник заломлення

Показник заломлення залежить від швидкості світла відповідних речовин.

Заломлення в лінзах

Лінзи - це напівпрозорі тіла, які мають різну форму.

За ходом променів розрізняють збиральні та розсіювальні лінзи.

Збиральні лінзи - це лінзи, які збирають паралельне світло після заломлення в одній точці.

Розсіювальні лінзи - це лінзи, які після заломлення направляють паралельне світло в різні розбіжні сторони.

Коли світло потрапляє на лінзу, світло заломлюється таким чином, що після заломлення зосереджується в одній точці. Таку точку називають **фокусною точкою F.**

Відстань фокусної точки від площини лінзи називається **фокусною відстанню f.**

Лінзи можна використовувати для зображення предметів.

Світло потрапляє на лінзу з будь-якої точки об'єкта, заломлюється там і знову зустрічається в одній точці.

c_1, c_2 - Lichtgeschwindigkeiten in den
Stoffen 1 und 2
n - Brechzahl

Die **Brechzahl** ergibt sich aus den Lichtgeschwindigkeiten der betroffenen Stoffe.

Brechung an Linsen

Linse sind lichtdurchlässige Körper, die unterschiedliche Formen haben.

Nach dem Strahlenverlauf unterscheidet man zwischen Sammellinsen und Zerstreuungslinsen.

Linsen, die paralleles Licht nach der Brechung in einem Punkt sammeln, nennt man **Sammellinsen.**

Linsen, die paralleles Licht nach der Brechung in verschiedene auseinanderlaufende Richtungen lenken, nennt man **Zerstreuungslinsen.**

Trifft Licht auf eine Linse, dann wird das Licht so gebrochen, dass es nach der Brechung in einem Punkt konzentriert wird. Man nennt diesen Punkt deshalb **Brennpunkt F.**

Der Abstand des Brennpunktes von der Linsenebene wird als **Brennweite f** bezeichnet.

Mithilfe von Linsen kann man von Gegenständen Bilder erzeugen.

Von einem beliebigen Punkt eines Gegenstands trifft das Licht auf die Linse, wird dort gebrochen und trifft wieder in einem Punkt zusammen.

Загалом, кожна точка предмета P створює тільки одну чітку точку зображення P[1].

Insgesamt entsteht von jedem Gegenstandspunkt P genau ein scharfer Bildpunkt P[1].

Зв'язок між фокусною відстанню, відстанню до предмета та відстанню до зображення враховується рівнянням зображення.

Der Zusammenhang zwischen Brennweite, Gegenstandsweite und Bildweite wird durch die Abbildungsgleichung erfasst.

Для створення зображень на тонких лінзах діє:

Für die Bildentstehung an dünnen Linsen gilt:

$$1 / f = 1 / d + 1 / b$$

f - фокусна відстань
d - відстань до предмета
b - відстань зображення

f - Brennweite
d - Gegenstandsweite
b - Bildweite

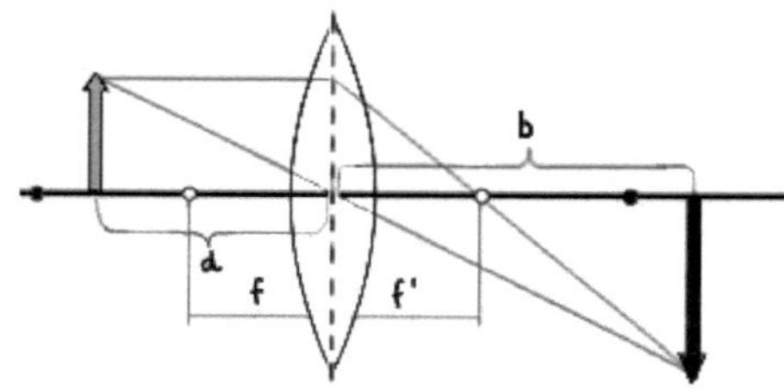

Зображення, отримані за допомогою **збиральної лінзи**, відрізняються залежно від відстані від лінзи, в якій знаходиться оригінал.

Die mit einer **Sammellinse** erhaltenen Bilder unterscheiden sich je nach Entfernung von der Linse, in der sich das Original befindet.

За допомогою лінз можна отримувати збільшені та зменшені зображення, зображення вертикальні та інвертовані від оригінальних, реальні та віртуальні зображення.

Mithilfe von Objektiven können Sie vergrößerte und verkleinerte Bilder, Bilder aufrecht und seitenverkehrt zum Original, reelle und virtuelle Bilder erhalten.

Якщо **предмет** знаходиться **за межами фокусної відстані**, яка вдвічі перевищує фокусну відстань збиральної лінзи (**d > 2f**), то зображення зменшене, перевернуте і сторони поміняні.

Befindet sich der **Gegenstand außerhalb der doppelten** Brennweite einer Sammellinse (**d > 2f**), dann ist das Bild verkleinert, umgekehrt und seitenvertauscht.

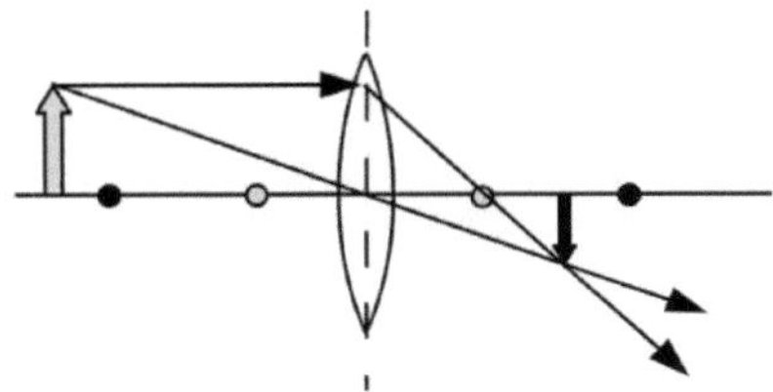

Якщо **предмет** розташований **на подвійній фокусній відстані** збиральної лінзи (**d = 2f**), то зображення рівне, перевернуте і сторони поміняні.

Befindet sich der **Gegenstand in der doppelten Brennweite** einer Sammellinse (**d = 2f**), dann ist das Bild gleich groß, umgekehrt und seitenvertauscht.

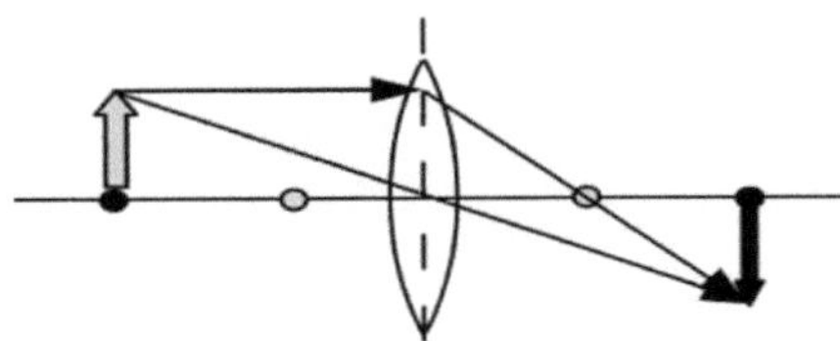

Якщо **предмет** знаходиться **між фокусом і подвійним фокусом** збиральної лінзи (**f < d < 2f**), то зображення збільшене, перевернуте і сторони поміняні.

Befindet sich der **Gegenstand zwischen einfacher und doppelter Brennweite** einer Sammellinse (**f < d < 2f**), dann ist das Bild vergrößert, umgekehrt und seitenvertauscht.

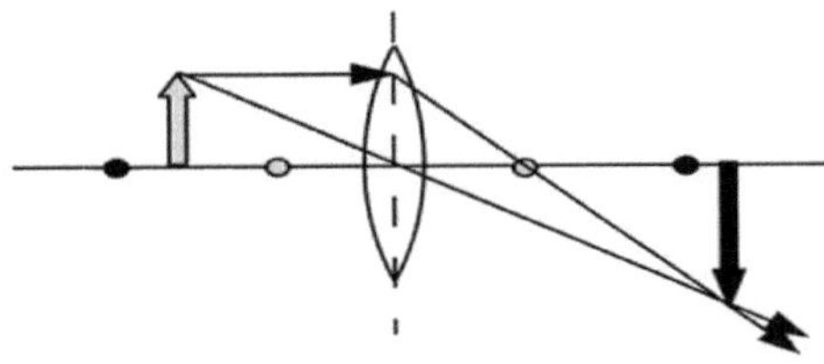

Якщо **предмет** знаходиться **у фокусі** збиральної лінзи (**d = f**), то зображення нечітке і заломлені промені йдуть паралельно.

Befindet sich der **Gegenstand in der einfachen Brennweite (d = f)** einer Sammellinse, dann ist das Bild nicht scharf und die gebrochenen Strahlen verlaufen parallel.

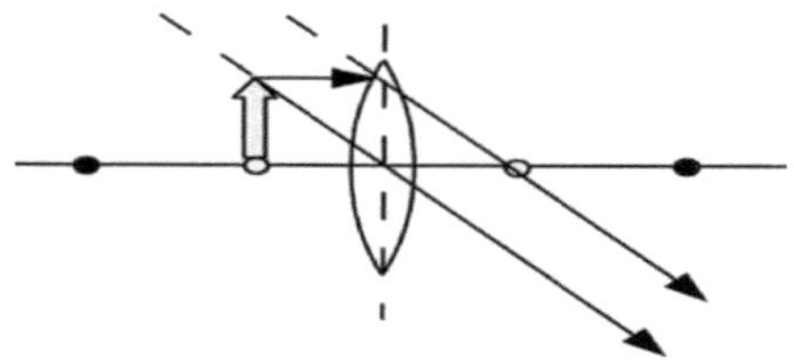

Якщо **предмет** знаходиться **між фокусом ї збиральної лінзою** (**d < f**), то зображення буде збільшеним, прямим та горизонтально неперевернутим.

Befindet sich der **Gegenstand innerhalb der einfachen** Brennweite einer Sammellinse (**d < f**), dann ist das Bild vergrößert, aufrecht und seitenrichtig.

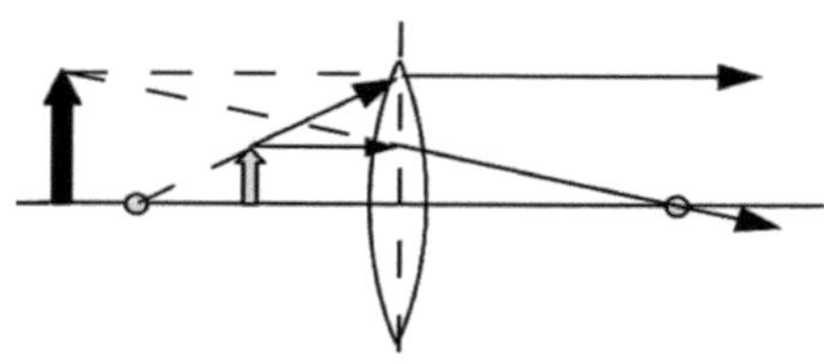

Якщо **предмет** розташований **у будь-якому місці перед розсіювальною лінзою**, то зображення буде зменшене, уявне та пряме.

Befindet sich der **Gegenstand beliebig vor einer Zerstreuungslinse,** dann ist das Bild verkleinert, aufrecht, seitenrichtig und virtuell.